Franz Mehofer

Hochfürstlich-salzburgischer Hofkalender

Franz Mehofer

Hochfürstlich-salzburgischer Hofkalender

ISBN/EAN: 9783743657830

Hergestellt in Europa, USA, Kanada, Australien, Japan

Cover: Foto ©ninafisch / pixelio.de

Weitere Bücher finden Sie auf **www.hansebooks.com**

Hochfürstlich=salzburgischer

Hofkalender,

oder

SCHEMATISMUS

Auf das Jahr

Nach der gnadenreichen Geburt unsers Erlösers und Seligmachers

M. DCC. LXXXIII.

Alles zusammen getragen, und auf eigene Kosten im Druck gegeben

von

Franz Mehofer, hochfürstl. Truchses und Kammerfourier, zu haben in dero Quartier auf dem Marktplatz in dem Kaufmann Weiserischen Haus.

Gedruckt bey Franz Prodinger, einer Löbl. Landschaft= und Stadt=Buchdrucker.

Merkwürdige Jahrszählungen.

Nach der Geburt unsers Erlösers und Seligmachers JESU Christi zählt man ein gemeines Jahr 1783.

Von der durch den heil. Bischofen und Bayrischen Apostel Rupertus geschehenen Stift- und Errichtung des hohen Bißthums Salzburg, Anno Christi 582. 1201.

Von der unter der Regierung des heiligen Bischofen Arno durch den heiligen Römischen Papsten Leo den dritten Anno Christi 800. geschehenen Erhebung des Bißthums Salzburg zu einem Erzstift 985.

Von Seiner hochfürstlichen Gnaden Hieronymi Josephi Francisci de Paula, unsers gnädigsten Landesfürsten, und Herrn Herrn hohen Geburtstag, so erfolget den 31 May 1732. 51.

Von der den 14 März Anno 1772 geschehenen einhelligen Wahl Seiner hochfürstlichen Gnaden rc. rc. und den 29 April angetrettenen glorwürdigst und glückseligen Regierung des hohen Erzstifts Salzburg 12.

Von der ersten und solennen Einweihung der hochfürstlichen salzburgischen Domkirche, so geschehen vom Erzbischofe **Paris** den 24 September Anno 1628. 155.

Von der Fundation des hochfürstlichen Gymnasii und Universität zu Salzburg 165.

Dann von Einführung des vollkommenen Studii Juris publici durch den Erzbischofen Leopold 55.

Von der durch den Erzbischof Johann Ernest den 12 May 1701 errichteten, und von weiland Kaiser Leopold den 23 August 1701. bestättigten Fundation des löblichen St. Ruperti Ritterordens 82.

Von der Fundation der Kommenden des Löbl. ritterlichen deutschen Orden im Lande ob der Enns: und des Maltheser Ritterordens Lands Tyrol, den 7 November 1703 durch Erzbischofen Johann Ernest 80.

Gewöhnliche Kirchenrechnungen.

Die goldene Zahl in diesem Jahr ist	17.
Der Sonnenzirkel , ,	28.
Die Epacta oder Mondszeiger	XXVI.
Der Römer Zinnszahl ,	1.
Der Sonntagsbuchstaben	E.

Die vier Quatemberzeiten fallen:

Im Monat März	den 12, 14, und 15.
Im Monat Junii	den 11, 13, und 14.
Im Monat Septemb.	den 17, 19, und 20.
Im Monat December	den 17, 19, und 20.

Die gebottene Fasttäg sind mit einem rothen F. bezeichnet.

Erste Mona	Jäner hat 31 Tag.	☾ lauf	Aspecten und Witterung	Die Monds-Brüche.
Mitw	1 Neu Jahr	♑	Gott mit uns	●
Doner	2 Macari Abt	♑	☌ ☍ ♃.	Den 3 dito wird der Mond ganz neu um 8 Uhr 30 minut. in der fruh.
Freyt	3 Genofeva J.	♒	● 8 Uhr fruh	
Samst	4 Titus Bischof	♒	Hornungsch.	
Da Herodes gestorben war. Matth. 2.				
Sonta	5 E Simeon Styl	♓	☉ Aufgang	
Mont	6 Heil. 3 König	♓	7 Uhr 51 min	
Dienst	7 Valentinus	♈	Taglång 8	☽
Mitw	8 Severinus	♈	stund 22 mi-	
Doner	9 Marcellinus	♉	□ ♄, nuten,	Das erste Viertel begibet sich den 10 dics um 10 U. 12 minut. in der fruh.
Freyt	10 Pauli Einsiedle.	♉	☽ um 10 Uhr	
Samst	11 Hyginus Papst	♉	Vormittag	
Als Jesus 12 Jahr alt war. Luc. 2.				
Sonta	12 E 1 Ernestus	♉	☌ ☿ ☉,	
Mont	13 Hilarius Bisch.	♉	△ ♀, △ ♆,	
Dienst	14 Felix Priester	♊	☉ Untergang	●
Mitw	15 Maurus Abt	♊	4 Uhr 28 min	
Doner	16 Marcellus Pap	♋	neblicht und	Der Mond wird voll den 18 dito um 3 Uhr 1 minut. Nachmittag.
Freyt	17 Anton Einsiedle	♋	feucht Wetter	
Samst	18 Prisca Jungfr.	♋	● um 3 Uhr	
Von der Hochzeit zu Cana Galiæa. Joh. 5.				
Sonta	19 E Namen Jesufest		Nachmittag	
Mont	20 Fab. u. Sebast.	♌	☾ geht in ♓	Den 20 dito gehet die Sonn in dem Wassermann um 2 Uhr 40 minuten fruh.
Dienst	21 Agnes Jungfr.	♍	△ ♄, □ ♂,	
Mitw	22 Vincentius M.	♍	☉ Aufgang	
Doner	23 Mar. Vermåhl.	♎	7 Uhr 34 min	
Freyt	24 Timotheus B.	♎	Tagl. 8 stund	
Samst	25 Pauli Bekehr.	♎	56 minuten	
Jesus heilt einen Aussätzigen Matth. 8.				☾
Sonta	26 E Polycarpus	♏	☾ um 3 Uhr	Das letzte Viertel scheinet den 26 dis um 3 Uhr 54 minut. fruh.
Mont	27 Johan. Chrysost	♏	in der fruh	
Dienst	28 Karolus Magn	♐	☌ ♂, ✱ ♀	
Mitw	29 Franeisc. Sales.	♐	Kålte wachset	
Doner	30 Martina Jgfr.	♑	☉ Untergang	
Freyt	31 Petrus Nolas.	♑	4 Uhr 37 min	

Hof- und Kirchen-Feste im Monat Jäner.

Mittwoch den 1 Jäner ist Festum Pallii und grosse Gala. Se. hochfürstl. Gnaden ꝛc. ꝛc. werden um 8 Uhr in dero Oratorium St. Ruperti von sammtlicher Hofstaat korteggirt, und nachdem Höchstdieselbe nach angehörter Predigt und Hochamt in dero Retirade zurück kommen, leget in dem Audienzzimmer in langen Kleidern ein hochwürdiges Domkapitel, hernach die hochfürstliche Universität und das hochadeliche Kollegium Virgilianum die gewöhnliche Gratulation ab. Heute und so oft Festum Pallii ist, machet der allhiesige Stadtmagistrat auch in der Ritterstube seine unterthänigste Aufwartung.

Donnerstag den 2 ist in der hochfürstl. Domkirche die erste Corporis Christi Proceßion, und das darauf folgende Hochamt de sanctissimo Sacramento. Seine hochfürstliche Gnaden ꝛc. ꝛc. begeben sich mit dero Korteggio in das Oratorium St. Ruperti, und wohnen allda dieser löblichen Andacht bey; das höchste Gut traget der Officiator, den Himmel die Bürger des Raths, und zwey derselben den Umschlag des Pluvials, wobey die sämmtlich bürgerlichen Zunften mit den auf ihren Stangen aufgesteckten Wachslichtern erscheinen. Diese preiswürdige Andacht wird auch durch das ganze Jahr solchergestalten alle Donnerstag präcise um 9 Uhr, sofern aber auf einen Donnerstag ein Feyertag fällt, den vorhergehenden Mittwoch vollzogen.

Samstag den 4 fällt der Anniversariatstag weiland des heiligen römischen Reichs Fürsten und Herrn Herrn Andrä Jacob aus dem reichshochgräflichen Hause von Dietrichstein.

Sonntag den 5 ist Nachmittag um 3 Uhr grosse Vesper. Seine hochfürstliche Gnaden ꝛc. ꝛc. kommen durch dero Audienzzimmer, Antekamera, Rathzimmer, Ritterstustuben, im rothen Habit und fliegender Kappa angethan, in Nebenhergehung der sämmtlichen Karabinier- und Trabanten-Leibgarde, und Truchsessen, Kriegs-Kammer-Hof- und geheimen Räthen, Hof frequentirenden Herren Cavalliers, Kammerern, Ministern, in Vortragnng des Legatenkreuzes, in Begleitung des hochwürdigen Domkapitels in die hochfürstliche Domkirche hinab, und halten Höchstselbsten in gewöhnlicher Bedienung die Vesper.

Montag den 6 als am Fest der heiligen drey Könige, ist Festum Pallii. Se. hochfürstliche Gnaden rc. rc. begeben sich um 9 Uhr in Vortragung des Legatenkreuzes im rothen Habit und Kappa angethan, mit dieser Bedienung, wie gestern, in die hochfürstl. Domkirche, pontificiren daselbst in höchster Person.

Sonntag den 19 wird in der hochfürstl. Domkirche das monatliche siebenstündige Gebeth gehalten.

Sonntag den 26 wird die jährliche Proceßion aus der hochfürstl. Domkirche, nach dem Gotteshause des heiligen Sebastians angestellet, eines absonderlichen Patrons wider die leidige Pest. Es wird dannenhero von der hochfürstlichen Domkirche die jährlich gewöhnliche Proceßion über die Brücke in das Gotteshaus des heiligen Sebastians angestellet, wo sodann sich Seine hochfürstl. Gnaden rc. rc. belieben lassen im rothen Habit solcher beyzuwohnen. Und hat aus gnädigsten Befehl nicht allein der sämmentliche Hofstaat bey der Aufwartung, sondern auch alle Hofbediente, Kanzleyverwandte und dergleichen unausbleiblich dabey zu erscheinen; GOtt um fernere allergnädigste Abwendung der leidigen Seuche von dem hohen Erzstifte zu erbitten. Wenn aber das Wetter nicht günstig ist, wird gemeldte Proceßion in der hochfürstl. Domkirche vollzogen.

NB. So oft Seine hochfürstliche Gnaden rc. rc. selbsten in dero Domkirche die Vesper, und das Hochamt öffentlich halten, so aßistieren hiebey (Titl.) Herr Herr Domprobst, dann einige (Titl.) Herren Canonici des hohen Erzstiftes in Dalmaticis; die (Titl.) anwesenden fürstliche Herren Herren Suffraganei aber wohnen nebst

 Titl.

(Titl.) Herrn Abten zu St. Peter, und (Titl.) Herrn Herrn Domdechant, in Insula pontificaliter und die anwesenden (Titl.) Herren Herren Kapitulares und Domicellares in Pluvialien im Chor bey. Auch erscheinen in hohen Festtagen, wenn Höchstdieselbe pontificieren, in spanischen Mantelkleidern (Titl.) Herr Herr Oberstkammerer, und der dienende Kammerherr; der erste reichet Seiner hochfürstlichen Gnaden ꝛc. ꝛc. das Serviet, der andere das Lavor mit dem Handwasser.

Es wird auch von einem (Titl.) Herrn Herrn Canonico Metropolitano, dermal von (Titl.) Herrn Herrn Friderikus Virgilius Josephus des heil. röm. Reichs Grafen von Lodron, das Legatenkreuz in Begleitung des hochwürdigen Domkapitels vorgetragen.

So oft Seine hochfürstliche Gnaden selbst ꝛc. ꝛc. das hochwürdige Sacrament des Altars, oder am Charfreytag den heiligen Kreuzpartikel zu tragen sich belieben lassen, hat (Titl.) Herr Herr Oberstkammerer die Sotanna zu tragen.

Nicht minder ist auch die Bedienung von (Titl.) Herrn Herrn Domprobsten, und einigen Herrn Herrn Canonicis Metropolitanis, wenn Seine hochfürstl. Gnaden ꝛc. ꝛc. sich gnädigst belieben lassen, eine Kirche, Bischöfe, Prälaten, oder auch in dero Oratorium St. Ruperti, ausser den Quatemberzeiten einen Domherrn zu benediciren; wenn aber Höchstdieselbe ꝛc. ꝛc. in höchster Person in dero Oratorium ausser den vier Quatemberzeiten die heilige Firmung allein ohne Priesterweihe verrichten, oder in andern Gotteshäusern öffentlich die heilige Meß zu lesen ein Belieben tragen, so müssen die Herren Kanonici des hochfürstlichen Kollegiatstiftes zu Maria von Schnee, zur gewöhnlichen Bedienung erscheinen.

Sofern Seine hochfürstliche Gnaden ꝛc. ꝛc. ansonsten in dero Oratorium St. Ruperti oder Hofkapelle das heilige Meßopfer celebriren, oder einem Cavallier den allhiesigen adelichen Ritterorden, auch allda einigen von den Adelspersonen aus sonderlichen Gnaden die heilige Firmung ertheilen, werden Höchstdieselben ꝛc. ꝛc. von den Herren Kapellänen bedienet. Hor-

2te Mona	Hornung. hat 28 Tag.	☾ lauf	Aspecten und Witterung
Samst	1 Ignatius Bisch	♒	● um 7 Uhr

Jesus stieg in ein Schiflein. Matth. 8.

Sonta	2 E Mar. Lichtmeß	♒	Abends gehet
Mont	3 Blasius Bisch.	♓	ein der M[illegible]
Dienst	4 Veronika Jgfr.	♓	□ ♂, schein,
Mitw	5 Agatha Jgfr.	♈	☉ Aufgang
Doner	6 Dorothea Jgfr.	♈	7 Uhr 16 min
Freyt	7 Romualdus Abt	♉	trüb Wetter
Samst	8 Joha. v. Matha	♉	continuiret,

Vom guten Saamen u. Unkraut. Matth. 13.

Sonta	9 E Apollonia	♉	☽ um 6 Uhr
Mont	10 Scholastika J.	♊	in der fruh,
Dienst	11 Desiderius B.	♊	☉ Untergang
Mitw	12 Gaudentius	♊	4 Uhr 54 min
Doner	13 Sigebertus B.	♋	☌ ♄, △ ☿,
Freyt	14 Valentin Bisch	♋	feucht und
Samst	15 Faustinus M.	♌	kalt Wetter,

Von den Arbeitern im Weinb. Matth 20.

Sonta	16 E Septuagesima	♌	Juliana J.
Mont	17 Donatus Mart	♍	● 7 Uhr fruh
Dienst	18 Simeon Bisch.	♍	☉ geht in ♓
Mitw	19 Mansuetus B.	♍	△ ♃, □ ♂,
Doner	20 Eucharius B.	♎	Tagl. 10 stund
Freyt	21 Eleonora König	♎	22 minuten
Samst	22 Peter Stuhlfey	♏	□ ☿, ⚹ ♄,

Von Saamen und vielerley Aecker. Luk. 8.

Sonta	23 E Sexagesima	♏	Eberhardus
Mont	24 Matthias Apost	♐	☾ [illegible] 12 Uhr
Dienst	25 Victorinus	♐	zu Mittag,
Mitw	26 Walburga Jfr.	♑	☌ ♂, ☌ ♄,
Doner	27 Athanasia Jfr.	♑	☉ Untergang
Freyt	28 Romanus M.	♒	5 Uhr 25 min.

Die Monds-Brücke.

●

Der Mond erneuert sich den 1 dito um 7 Uhr 44 minuten Abends.

☽

Den 9 stellt sich ein das erste Viertl um 6 Uhr 9 min. in der fruh.

●

Den 17 dis wird voll der Mond um 7 Uhr 53 min. in der fruh. Abends.

Den 18 gebet die Sonn in Fisch um 5 Uhr 32 min.

☾

Das letzte Viertel trift ein den 24 dito um 12 Uhr 6 minuten Mittags.

Hof- und Kirchen-Feste im Monat
Hornung.

Sonntag den 2 dies, am Fest Mariä Lichtmeß ist Festum Pallii, und vor dem Hochamte nach vollendeter Predigt in der hochfürstlichen Domkirche die Wachsweihe. Seine hochfürstliche Gnaden ꝛc. ꝛc. werden zu solcher im blauen Habit und fliegender Kappa angethan, mit Vortragung des Legatenkreuzes, in Begleitung eines Hochwürdigen Domkapitels, von gesammter Hofstaat herab korteggieret, wo sodann Höchstdieselbe ꝛc. ꝛc. dem hochwürdigen Domkapitel, und denen hochfürstlichen Canonicis zu Maria von Schnee, der gesammten im Chor anwesenden Klerisey, Herrn Herrn Ministern, Kammerern, Cavallieren, geheimen Hof- Kammer- und Kriegsräthen, Truchsessen, Edelknaben, Stadtmagistrat die Kerzen auszutheilen, und bey der hierauf folgenden Proceßion dem anwesenden Volke die heilige Benediktion zu geben sich gnädigst belieben lassen. Alsdann begeben Höchstdieselbe sich in dero Oratorium und wohnen dem Hochamte bey.

Eodem Nachmittag wird auch in dem GOtteshause der allerheiligsten Dreyfaltigkeit die an den Frauentagen gewöhnliche marianische Sermon und Litaney vollzogen.

Montag den 3 als am Fest des heiligen Blasii, belieben Seine hochfürstliche Gnaden ꝛc. ꝛc. um 10 Uhr in dero Oratorio des heiligen Ruperti Meß zu lesen, alsdann dero Hofstaat die heilige Blasiweihe Höchstselbsten zu ertheilen.

Sonntag den 16 ist in der hochfürstlichen Domkirche das monatliche siebenstündige Gebeth.

Mar-

3te Mona	Martius hat 31 Tag.	☾ lauf	Aspecten und Witterung
Samst	1 Albinus Bischof	♒	kalt Wetter
	Von dem Blinden bey Jericho. Luc. 18.		
Sontag	2 E Quinquages.	♓	mit Schnee,
Mont	3 Kunegundis K.	♓	● um 8 Uhr
Dienst	4 Faßnacht	♓	fruh Aprilsch.
Mitw	5 F. Aschermittw.	♈	Adrianus M.
Doner	6 Fridolinus	♈	Tagl. 11 stund
Freyt	7 Thom. v. Aquin	♈	20 minuten
Samst	8 Johann de Deo	♈	feucht wetter
	Jesus vom Teufl versucht. Matth. 4.		
Sontag	9 Invocav. Francisca Romana	♊	
Mont	10 40 Martyrer	♊	heitere Täge
Dienst	11 Rosina Jungfr.	♊	☽ 2 Uhr fruh
Mitw	12 F. Quatember	♋	Gregori Pap
Doner	13 Euphrasia Jfr.	♋	☍♂, ☍♃,
Freyt	14 F. Mathildis	♌	☉ Untergang
Samst	15 F. Longinus	♌	5 Uhr 50 min
	Von der Verklärung Christi Matth. 17.		
Sontag	16 E 2 Reminiscere	♌	Heribertus
Mont	17 Gertrudis Jfr.	♍	neblichtwete
Dienst	18 Cyrillus Bischof	♍	● um 10 Uhr
Mitw	19 Joseph Nährv.	♎	Abends,
Doner	20 Nicetas Mart.	♎	☉ geht in ♈
Freyt	21 Benediktus	♏	Tag u. Nacht
Samst	22 Octavianus	♏	ist gleich lang
	Jesus treibet einen Teufel aus. Luc. 11.		
Sontag	23 E 3 Oculi,	♐	Victorian
Mont	24 Gabriel Erzeng	♐	trüb Wetter
Dienst	25 Mar. Verkündi	♑	☾ um 6 Uhr
Mitw	26 Castulus Mart.	♑	Abends,
Doner	27 Rupertus B.	♑	☍♂, ☍♃,
Freyt	28 Guntramus K.	♒	Tag. 12 stdn
Samst	29 Amadeus	♒	40 minuten,
	Jesus speiset 5000 Mann Johan. 6.		
Sontag	30 E 4 Lätare	♓	Quirinus
Mont	31 Balbina Jgfr.	♓	unstett wetter

Die Monds-Brüche.

●

Den 3 dito wird der Mond wieder neu um 8 Uhr 3 minuten Abends.

☽

Den 11 begiebt sich das erst Viertl um 2 Uhr 50 minuten fruh.

●

Den 18 darauf gehet ein der Vollmond mit einer sichbarn Mondsfinsternuß um 10 Uhr 13 m. Abends.

Den 20 gehet die Sonn in Widder um 5 Uhr 59 min abends und ist Frühling anfang.

☾

Das letzte Viertel fallet ein den 25 um 6 Uhr 49 min Abends.

Hof- und Kirchen-Feste im Monat März.

Sonntag den 2 ist in der hochfürstlichen Universitäts-kirche das vierzigstündige Gebeth mit Aussetzung des allerheiligsten Sacraments des Altars.

Aschermittwoch den 5 ist frühe um 8 Uhr die Predigt, so dann das Hochamt, in der hochfürstlichen Domkirche. Seine hochfürstlichen Gnaden 2c. 2c. belieben nach gelesenen heiligen Meßopfer dero sammtliches Korteggio einzuäschern.

Samstag den 8 ist in der hochfürstlichen Domkirche Nachmittag nach 4 Uhr, nach geendigter Litaney die erste Fastenpredigt, welche Seine hochfürstliche Gnaden 2c. 2c. aus dero Oratorio des heiligen Ruperti anhören.

NB. Die ganze heilige Fastenzeit werden an den Werktagen frühe um 6 Uhr die Predigten von den PP. Kapucinern als ordinari Dompredigern wechselweis: Nachmittag aber Montags von dem ordinari Prediger des Ordens des heiligen Benedikts aus der hochfürstlichen Universität: Dienstag und Freytag von dem ordinari nachmittägigen Sonntagsprediger des Ordens des heiligen Francisci: Mittwoch von einem P. Augustiner: Donnerstag von einem Theatiner: Samstag von einem aus den Herren Consistorialräthen, Ruraldecanen, oder Pfarrherren, um 4 Uhr bis den 11 April inclusive gehalten.

Die ganze Fastenzeit hat die Hofstaat ihre Aufwartung zu machen, Donnerstag in der Frühe gegen halber 9 Uhr, Nachmittag um halber 4 Uhr,

Freytag den 14 fällt ein der höchstbeglückte Wahltag unsers gnädigsten Landesfürsten und Herrn Herrn 2c. 2c so mit grosser Galla begangen wird.

Sam-

Samstag 15 ist die Priesterweihe und Firmung, welche alle 4 Quatember geschieht.

Sonntag den 16 ist in der hochfürstlichen Domkirche das monatliche siebenstündige Gebeth.

Mittwoch den 19 fällt ein das Fest des heiligen Stadt- und Landspatrons des großen Patriarchen, und Nährvaters Christi, des heiligen Josephs. Die Hofstaat hat um 3 Viertel auf 8 Uhr Seine hochfürstliche Gnaden ꝛc. ꝛc. zu corteggiren zu der Predigt und Hochaint, welches (Titl.) Herr Herr Domprobst haltet.

Nachmittag um 3 Uhr wird die löbliche Bruderschafts-Proceßion des heiligen Josephs mit dem Hochwürdigen Gut gehalten, darüber die Herren Truchsessen den Himmel tragen. Zu dieser wie auch angestellten heiligen Litaney Seine hochfürstliche Gnaden ꝛc. ꝛc. im rothen Habit und mit dero gesammten Hofstaat in die hochfürstliche Domkirche herab kommen.

Freytag den 21 fällt ein das Fest des großen Patriarchen und Ordensstifter des heiligen Benedikts, welches in dem löblichen Kloster des heiligen Peters des Ordens des heiligen Benedikts feyerlich celebriret wird, allwo auch die hochfürstliche Universität in Vortragung der Sceptrorum academicorum epomidaliter zu erscheinen pflegt.

Dienstag den 25 fällt ein das Fest Mariä Verkündigung, wird Nachmittag um 2 Uhr in dem Gotteshaus der allerheiligsten Dreyfaltigkeit die gewöhnliche marianische Andacht mit einer Lobrede und Litaney vollzogen.

Donnerstag den 27 ist das Fest des heiligen Ruperts.

April

4te Mona	April hat 30 Tag.	☾ lauf	Aspecten und Witterung
Dienst	1 Hugo Bischof	♈	● um 9 Uhr
Mitw	2 Franz de Paula	♈	Abends,
Doner	3 Richardus B.	♉	Mayscheine
Freyt	4 Isidorus Bisch	♉	□ ♄, ✱ ♀
Samst	5 Vincenti Ferre.	♉	□ ♃, windig
	Die Juden wollten Jesum steinigen. Joh. 8		
Sonta	6 E 5 Judica	♊	Cölestin Pap.
Mont	7 Hermann Bisch	♊	feucht wetter
Dienst	8 Albertus Bisch	♋	☌ ♃ ♂,
Mitw	9 Maria Cleophe	♋	☽ um 10 Uhr
Doner	10 Ezechiel Proph.	♋	Abends,
Freyt	11 Mar. 7 Schläfer	♌	Leo Papst
Samst	12 Zeno Martyrer	♌	temperir wet.
	Einzug Christi zu Jerusalem. Matth. 21.		
Sonta	13 E 6 Palmsonnt.	♍	Hermenegild
Mont	14 Tiburtius M.	♍	△ ♄, △ ♀,
Dienst	15 Helena Königin	♎	☉ Aufgang
Mitw	16 Turibius	♎	5 Uhr 14 min
Doner	17 Gründonerstag	♎	● um 9 Uhr
Freyt	18 Charfreytag	♏	in der fruh,
Samst	19 Timotheus B.	♏	Eleutherius
	Von der Auferstehung Christi. Mark. 16.		
Sonta	20 E Heil. Ostertag,	♐	☉ gehtin ♉
Mont	21 Ostermontag	♐	Anselmus B.
Dienst	22 Soter, u Cajus	♑	Tagl. 13 stund
Mitw	23 Georgius Ritter	♑	56 minuten
Doner	24 Honorius Bisch	♒	☾ um 1 Uhr
Freyt	25 Markus Evang	♒	in der fruh,
Samst	26 Cletus Papst	♓	✱ ♄ □ ♀,
	Jesus kommt durch verschloß. Thür. Joh. 20		
Sonta	27 E 1 Quasimodo	♓	Peregrinus
Mont	28 Vitalis Martyr.	♈	Regenwetter
Dienst	29 Petrus Martyr.	♈	□ ♃ ☿,
Mitw	30 Catharina Sen	♈	☌ ☿, □ ♃,

Die Monds-Brüche.

●

Den 1 dito bekommen wir den Neumond um 9 Uhr 40 min Abends.

☽

Den 9 trift ein das erste Viertel um 10 Uhr 2 minut. Abends.

●

Den 17 gehet der Vollmond ein um 9 Uhr 38 min in der fruh.

Den 20 gehet die Sonn in Stier um 6 Uhr 47 min in der fruh.

☾

Den 24 dito rucket ein das lezt Viertel um 1 Uhr 15 minuten in der fruh.

Hof= und Kirchen=Feste im Monat April.

Freytag den 11 fällt ein das Fest der sieben Schmerzen der allerseligsten Jungfrau und Mutter GOttes Maria.

Sonntag den 13 als am Palmsonntag ist um 7 Uhr die heilige Palmweihe, um 9 Uhr verfügen sich Seine hochfürstliche Gnaden rc. rc. im rothen Habit angethan, mit gesammter Hofstaat in Korteggio, in den hochfürstlichen Dom herab, und wohnen allda mit dem hochwürdigen Domkapitel der Proceßion und dem angestellten vierzigstündigen Gebethe bey, begeben sich alsdenn in das Oratorium des heiligen Ruperti, hören von da aus die erste Predigt an, und machen in Anbethung des auf dem Hochaltar in einer sehr kostbar geschmückten Monstranze ausgesetzten allerheiligsten Altarssacraments der ersten Stunde den Anfang. Die oberwähnte Palmweihe, wie auch das Hochamt und Proceßion verrichten (Titl.) Herr Herr Domprobst des hohen Erzstiftes, wobey vier Herren Edelknaben die Torzen, und sechs Herren Truchsesse den Himmel tragen.

NB. Während dieser großen hochlöblichen in den vierten Tag daurenden Andacht werden von unterschiedlichen Geistlichen und Religiosen zwey und zwanzig Lob- und sinnreiche Predigten und Sermonen von dem allerheiligsten Sacrament des Altars und allerheiligsten Geheimniß, Abends aber gegen halbe 7 Uhr auf dem großen Chor unter zahlreich und wohlbesetzter Musik eine Litaney gehalten.

Nachmittag begeben sich Seine hochfürstliche Gnaden rc. rc. wiederum nach dero Belieben mit gesammter Hofstaat in dero Oratorium des heiligen Ruperti.

Um 3 Uhr erscheinet zu dieser Andacht und Anbethung das hochwürdige Consistorium mit ihren Kanzleyverwandten, und die hochfürstliche Hofofficiers. Um 4 Uhr

Uhr die hochfürstliche Universität und das Gymnasium. Um 5 Uhr die hochfürstlichen Herren Hof-Kammer- und Kriegsräthe, Oberst-Jägermeisterey, Advokaten und Kanzleyverwandten. Um 6 Uhr die ganze Domklerisey.

Montag den 14 wird die hochlöbliche Andacht um 5 Uhr frühe angefangen, und bis 7 Uhr Abends fortgesetzet, auch lassen sich Seine hochfürstliche Gnaden ꝛc. ꝛc. gemeiniglich belieben auf dem Hochaltare bey dem ausgesetzten Sacramente in gewöhnlicher Bedienung die heilige Meß zu lesen.

Nachmittag um 3 Uhr gehen Seine hochfürstlichen Gnaden ꝛc. ꝛc. von dero Zimmern aus in langen Kleidern und Mantel angethan, mit dero Korteggio, gesammter Hofstaat, in Begleitung des hochwürdigen Domkapitels in dero Oratorium des heiligen Ruperti, und wohnen von da aus der Andacht bey. Gegen 7 Uhr wird bey dieser hochlöblichen Anbethung des höchsten Altarssacraments eine Litaney wiederum wie gestern gehalten.

Dienstag den 15 nimmt die Andacht frühe um 5 Uhr ihren Anfang. Um 8 Uhr kommen Seine hochfürstliche Gnaden ꝛc. ꝛc. mit sämmtlichen Korteggio in dero Oratorium.

Nachmittag um 3 Uhr gehen Seine hochfürstl. Gnaden ꝛc. ꝛc. wie gestern mit gesammter Hofstaat und Korteggio aus dero Zimmern in das Oratorium und wohnen allda der Andacht bey, dabey erscheinet die hochfürstliche Universität mit ihren Congregationen und Bruderschaften; um 4 Uhr die sämmtlichen Herren Räthe, alle Dikasterien, Oberst-Jägermeisterey, und sämmtliche Kanzleyverwandte.

Mittwoch den 16 wird um 7 Uhr frühe die letzte sacramentalische Predigt von dem ordinari Sonntagsprediger E. P. Kapuciner abgeleget, alsdenn verfügen sich Seine hochfürstliche Gnaden ꝛc. ꝛc. mit gesammter Hofstaat in dero Domkirche herab, und wohnen allda sammt dem hochwürdigen Domkapitel der Proceßion und Ende des vierzigstündigen Gebeths bey.

Nach-

Nachmittag um 4 Uhr ist die erste stille Metten, welche Seine hochfürstliche Gnaden rc. rc. im blauen Habit und bedeckter Kappa in selbst höchster Person und gewöhnlicher Bedienung zu halten sich gnädigst belieben lassen.

Gründonnerstag den 17 ist Festum Pallii, und hat die Hofstaat anheut um 7 Uhr frühe unterthänigst zu erscheinen. Seine hochfürstl. Gnaden rc. rc. kommen in Vortragung des Legatenkreuzes in dero Domkirche herab, und halten allda das Hochamt, benediciren unter solchem das Chrisma, Oleum catechumenorum & infirmorum. Nach diesen Ceremonien ist die grosse Communion, allwo aus den Händen Sr. hochfürstl. Gnaden rc. rc. das hochwürdige Domkapitel, die hochfürstlichen Canonici zu Maria von Schnee, Chorvicarien, und die ganze Domklerisey, die in weissen langen Röcken gekleidete zwölf arme Männer, Cavalliere, geheime, Hof-Kammer- und Kriegs-Räthe, Truchsessen, Edelknaben und Stadtmagistrat, die allerheiligste Hostie empfangen. Nachhin tragen Höchstdieselben das allerhöchste Sacrament des Altars in die Sacristey, darüber sechs hochfürstliche Herren Kammerer in ihren gewöhnlichen Mantelkleidern den Himmel, und sechs Herren Edelknaben die Torzen tragen, hören darauf die Predigt eines E. P. Franciscaners an, und waschen nachdem allda den zwölf armen Männern die Füsse, reichen denenselben hinnach zu Hof bey der Tafel, die gemeiniglich um 11 Uhr ist, Speis, Trank und Schankung.

Nachmittag um 2 Uhr, wird von dem E. P. Kapuciner ordinari Domfeyertagsprediger die erste Paßions-Predigt abgeleget.

Um 4 Uhr wird hernach, wie gestern von Höchstderoselben rc. rc. die anderte stille Metten gehalten.

Charfreytag den 18 wird in der Frühe um 6 Uhr von dem E. P. Kapuciner ordinari Domsonntagsprediger die anderte Paßions-Predigt abgeleget. Um 8 Uhr kommen Seine hochfürstliche Gnaden rc. rc. in Korteggio der gesammten Hofstaat in die hochfürstliche Domkirche im blauen Habit und Kappa angethan, herab, und wohnen da, den von dem (Titl.) Herrn Herrn Domprobsten des hohen Erzstiftes haltenden Ceremonien bey, sodann tragen Sie Höchstselbsten das allerhöchste Sacrament des Altars in das heilige Grab in gewöhnlicher Bedienung, wie gestern. Seine hochfürstliche Gnaden ꝛc. ꝛc. lassen Sich gemeiniglich sodann belieben in kurzen Kleidern mit Korteggio sämmlicher Hofstaat und Begleitung der Domherren die heilige Gräber zu besuchen.

Nachmittag um 2 Uhr ist in der hochfürstlichen Domkirche die Predigt, und sodann mit der Bruderschaft des heiligen Kreuzes die Proceßion, unter welcher der schmerzhafte heilige Rosenkranz mit lauter Stimme abgebethet wird. Wenn sich Seine hochfürstliche Gnaden selbsten belieben lassen, den heiligen Kreuzpartikel zu tragen, haben die Sotanna (Titl.) Herr Herr Oberstkammerer, sechs hochfürstliche Herren Kammerer den Himmel, und sechs Herren Edelknaben die Torzen zu tragen, auch sämmliche Korteggio und Hofstaat unausbleiblich jederzeit zu erscheinen hat: so aber übles Wetter einfällt, wird erwehnter heilige Rosenkranz in der hochfürstlichen Domkirche abgebethet. Nach diesen allen ist die Complet, und die dritte stille Metten.

Charsamstag den 19 geschiehet frühe die Weihe des heiligen Taufwassers, sodann wird von dem (Titl.) Herrn Herrn Domprobsten des hohen Erzstiftes das Hochamt gehalten.

Um 8 Uhr Nachts kommen Seine hochfürstliche Gnaden ꝛc. ꝛc. ein rothen Habit und Kappa angethan mit sämmtlichem Korteggio und Begleitung des hochwürdigen Domkapitels, von dero Zimmer aus in Vortragung des Legatenkreuzes in dero Domkirche zum heiligen Grab herunter, nehmen allda die Pontificalparamenta an, und empfangen aus den Händen eines (Titl.) Herrn Herrn Domkapitularen das allerheiligste Sacrament des Altars, und tragen Allerhöchst dasselbe in Vorgehung sämmlicher Domklerisey, hochwürdigen Domkapitel, und Nachfolgung dero sämmtlichen Hofstaat aus dem heiligen Grabe pontificaliter auf den heiligen Francisci Altar; dabey abermal

Titl.

(Titl.) Herr Herr Oberstkammerer die Sotanna, sechs hochfürstliche Herren Kämmerer den Himmel, und sechs Herren Edelknaben die Torzen tragen; werden auch unter dieser solennen Auferstehung auf den sogenannten Mönchsberg die Kanonen abgefeuert.

Nachdem wird in dem Chor die Metten, und also der Beschluß von der heiligen Woche gehalten.

Ostersonntag den 20 ist Festum Pallii, Seine hochfürstliche Gnaden ꝛc. ꝛc. kommen öffentlich aus dem Audienzzimmer, Antekammera, Rathsaal, um 9 Uhr im rothen Habit und fliegender Kappa angethan, in Vorgehung der sammtlichen Hofstaat in der Galla, in Vortragung des Legatenkreuzes und Begleitung des hochwürdigen Domkapitels, in die hochfürstliche Domkirche herab, und celebriren das Hochamt.

Nachmittag um 2 Uhr ist die Predigt, und nach vollendeter Vesper und Complet das sogenannte goldene Salve, bey welchem Seine hochfürstliche Gnaden in dero Oratorium des heiligen Ruperti erscheinen.

Eodem fängt in dem löblichen Gotteshause des heiligen Sebastians das vierzigstündige Gebeth an.

Eodem ist auch in der hochfürstlichen Domkirche das siebenstündige Gebeth.

Ostermontag, den 21 wird um 8 Uhr die Predigt und sodann von Titl. Herrn Herrn Domprobsten des hohen Erzstifts das Hochamt gehalten.

Mittwoch den 23 fällt ein das Fest des heiligen Georgii, welches in der allhiesigen hohen Hauptvestung feyerlichst begangen wird.

Freytag den 25 als am Fest des heiligen Marci, ist die jährliche Proceßion von der hochfürstl. Domkirche aus, nach der löblichen Kirche des heiligen Marcus bey den wohlehrwürdigen Klosterjungfrauen der heiligen Ursula. Seine hochfürstliche Gnaden ꝛc. ꝛc. lassen sich belieben im blauen Habit, in Vorgehung der Bruderschaften und sämmtlicher Geistlichkeit, Domklerisey, dann eines hochwürdigen Domkapitels, und Gefolge dero Hofstaat obermeldter Proceßion beyzuwohnen.

May

5te Mona	May hat 31 Tag.	☾ lauf	Aspecten und Witterung
Doner	1 Philip. Jakob. Sigmund		● 12 Uhr
Freyt	2 Athanasius B.	♉	zu Mittag,
Samst	3 Heilig † Erfind.	♊	Brachschein
	Von dem guten Hirten. Johan. 20.		
Sonta	4 E 2 Misericor		Florian und Monika
Mont	5 Pius, Gotthard	♊	☉ Aufgang
Dienst	6 Joh. v. der Port	♋	47 minuten
Mitw	7 Stanislaus B.	♋	Tagl. 14 stund
Doner	8 Michael Ersche.	♌	38 minuten
Freyt	9 Gregor. Nazian	♌	☽ um 3 Uhr
Samst	10 Antoninus B.	♌	Nachmittag
	Ueber ein kleines werdet ihr mich sehen. Joh 16.		
Sonta	11 E 3 Jubilate	♍	Mamertus
Mont	12 Pancratius	♍	warm wetter
Dienst	13 Peter Regela.	♎	☉ Untergang
Mitw	14 Bonifacius	♎	7 Uhr 29 min.
Doner	15 Sophia Jungfr	♏	✶ ♄, △ ♀
Freyt	16 Joh. Nepomuck	♏	● um 6 Uhr
Samst	17 Ubaldus Bisch	♐	Abends,
	Ich gehe zu dem, der mich gesandt. Joh. 16		
Sonta	18 E 4 Cant. Felix	♐	trockenes und
Mont	19 Cölestin Papst	♑	warmes wet-
Dienst	20 Bernardinus	♑	ter halt an,
Mitw	21 Constantinus	♒	☉ geht in ♊
Doner	22 Julia Jungfr.	♒	temperirt,
Freyt	23 Desiderius Bis.	♓	☾ um 8 Uhr
Samst	24 Johanna Witt.	♓	Vormittag,
	So ihr den Vater bitten werdet. Joh. 16.		
Sonta	25 E 5 Rogat. † Woche	Urbanus	♈
Mont	26 Philip. Nerius	♈	gutes Wachs
Dienst	27 Beda Priester	♉	Wetter halt
Mitw	28 German Bisch.	♉	☍ ♄ ♀, an,
Doner	29 Christi Himelfah	♉	Maximinus
Freyt	30 Felix Papst	♊	heitere Täge,
Samst	31 Petronilla Jgfr	♊	● 2 Uhr fruh

Die Monds-Brüche.

● Den 1 dito wird der Mond wieder neu 12 Uhr 6 minuten zu Mittag.

☽ Das erste Viertel stellet sich ein den 9 um 3 Uhr 46 m. Nachmitt.

● Der Mond ergänzet sich den 16 um 6 Uhr 27 minuten Abends.

Den 21 gehet die Sonn in den Zwilling um 5 Uhr 24 min. fruh.

☾ Das letzte Viertl den 23 um 8 Uhr 38 minut. fruh.

● Den 31 dito wird abermal neu der Mond um 2 U. 54 m. fruh.

Hof- und Kirchen-Feste im Monat May.

Samstag den 3 als am Fest der Kreuzerfindung, wird in der löblichen Burgerspitalkirche bey dem allda wunderthätigen heiligen Kreüz um 4 Uhr Nachmittag eine Predigt, und darauf von Titl. Seiner. fürstlichen Gnaden Herrn Herrn Fürsten zu Chiemsee eine Litaney gehalten.

Freytag den 16 fällt ein das Fest des heiligen und wunderthätigen Martyrers Johannes von Nepomuck, als absonderlichen Landespatrons, welches in der hochfürstlichen Hofkapelle und Kirche zu Mirabell mit Predigt und Hochamt feyerlichst celebriret, auch die ganze Octav hindurch ein heiliger Partickel von diesem grossen und wunderthätigen Martyrer ausgesetzt, und von einem Titl. Herrn Herrn Domkapitularen des hohen Erzstiftes gegen 5 Uhr in Bedienung der Hofmusik eine Litaney gehalten wird. Auch wird dieses Fest bey den PP. Franciscanern feyerlich mit eiuer Litaney die ganze Octav celebriret.

Sonntag den 18 ist in der hochfürstlichen Domkirche das gewöhnllche 7 stündige Gebeth.

Sonntag den 25 wird in der hochfürstlichen Universitätskirche das Hauptfest von dem löblichen Liebsbund, und zugleich das Fest der Bruderschaft des heiligen Patriarchen Benedikts gehalten.

Montag den 26 ist die erste Bethtags-Procession aus der hochfürstlichen Domkirche nach dem löblichen unser lieben Frauen Gotteshaus zu Müllen, wobey Seine hochfürstliche Gnaden mit eben diesem Gefolge, wie am heiligen Markustag öffentlich im blauen Habit erscheinen.

Dienstag den 27 gehet nach 8 Uhr in erst erwähnter Begleitung die Proceßion auf den sogenannten Nonnenberg in die unser lieben Frauen- und Erentrudiskirche.

Mittwoch den 28 gehet nach 8 Uhr die Proceßion wiederum aus der hochfürstlichen Domkirche nach dem heiligen Sebastiangotteshaus.

Nachmittag hat um 3 Viertel auf 3 Uhr die Hofstaat ihr unterthänigste Aufwartung zu machen, indem Seine hochfürstlichen Gnaden rc. rc. in gewöhnlicher Begleitung in dero Domkirche die Vesper solenniter halten.

Samstag den 31 ist der höchste Geburtstag Seiner Hochfürstlichen Gnaden unsers gnädigsten Landesfürsten und Herrn Herrn rc. rc.

Brach-

6te Mora	Brachmonat hat 30 Tag.	☾ lauf	[illegible] und Witterung
	Wann der Tröster kommen wird. Joh. 15		
Sonta	1 E 6 Exaudi, Nicodemus B.	♊	
Mont	2 Erasmus Bisch	♋	☌ ☿, ☍ ♄,
Dienst	3 Oliva Jungfr.	♋	☉ Aufgang
Mitw	4 Quirinus Bisch	♌	4 Uhr 10 min
Doner	5 Bonifacius B.	♌	schöne Täge,
Freyt	6 Norbertus B.	♌	Tagl. 15 stund
Samst	7 F. Robertus A.	♍	42 minuten
	Wer mich liebet, wird mein rc. Joh. 14		
Sonta	8 E H. Pfingstsont. Medard.		☽ 5 Uhr
Mont	9 Pfingstmontag	♎	in der fruh.
Dienst	10 Margaritha K.	♎	☉ Untergang
Mitw	11 F Quatember	♏	7 Uhr 53 min
Doner	12 Johann Facund	♏	trockene Wit-
Freyt	13 F. Anton Padua	♐	terung conti-
Samst	14 F. Basilius K.	♐	nuiret fort,
	Mir ist gegeben aller Gewalt. Matth. 28.		
Sonta	15 Heil. Dreyfaltigk. Vitus		● 1 Uhr
Mont	16 Francisc. Reg.	♑	in der fruh.
Dienst	17 Adolphus Bisch	♒	☌ ♃, ☍ ♀,
Mitw	18 Marcellianus	♒	☉ Aufgang
Doner	19 Fronleichnam	♒	4 Uhr 4 min.
Freyt	20 Silverius Pap.	♓	☌ ♂, ✱ ♄,
Samst	21 Aloysius Beicht	♓	☾ 5 U. abends
	Von dem grossen Abendmal. Luc. 14		
Sonta	22 E Achatius M.	♈	☉ gehet in ♋
Mont	23 F. Edeltrudis	♈	Sommer an-
Dienst	24 Johann Taufer	♉	fang und auch
Mitw	25 Prosper	♉	längster Tag,
Doner	26 Johan. u. Paul	♉	windig weter
Freyt	27 Herz Jesufest	♊	Ladislaus Kö
Samst	28 F. Leo Papst	♊	feucht wetter
	Von dem verlohrnen Schaaf. Luk. 15.		
Sonta	29 E 3 Peter und Paul		● 5 Uhr Abend
Mont	30 Pauli Gedächtn	♋	Heuschein,

Die [illegible] Brüche

☽

Den 8 dito geht ein das erst Viertel um 5 Uhr 58 minuten in der fruh.

●

Den 15 darauf gehet ein der Vollmond um 1 Uhr 23 minut. fruh.

☾

Das letzte Viertel fallet ein den 21 um 5 Uhr 46 min Abends.

Den 22 gehet die Sonn in Krebsen um 4 Uhr 8 min. Nachmittag.

●

Der Mond erneueret sich den 29 um 5 Uhr 55 min. Abends.

Hof- und Kirchen-Feste im Monat
Junii.

Samstag den 7 ist in der hochfürstlichen Domkirche grosse Vesper, und also um 3 Viertel auf 3 Uhr von gesammter Hofstaat die unterthänigste Aufwartung zu machen.

Pfingstsonntag den 8 ist Festum Pallii, und pontificieren Seine hochfürstliche Gnaden rc. rc. solenniter in dero Domkirche.

Eodem fängt bey den EE. PP. Franciskanern das durch drey Tage daurende Gebeth an.

Pfingstmontag den 9 hält nach 8 Uhr das Hochamt Titl. Herr Herr Domprobst des hohen Erzstiftes.

Mittwoch den 12 fällt ein der Anniversariatstag weiland des heil. röm. Reichs Fürsten und Herrn Herrn Jacob Ernest rc. aus dem reichshochgräflichen Hause von Lichtenstein.

Freytag den 13 fällt ein das Fest des heiligen Anton von Padua, so bey den EE. PP. Franciscanern celebriret wird.

Samstag den 14 ist Firmung und Priesterweihe.

Sonntag den 15 als am Feste der hochheiligen Dreyfaltigkeit, wird in hochfürstl. Domkirche nach dem Hochamte, welches Titl. Herr Herr Domprobst hält, auch das Herr GOtt dich loben wir, wegen der von GOTT 1697 so gnädig abgewendeten Feuersgefahr, gehalten.

Eodem ist auch in der Domkirche das gewöhnliche siebenstündige Gebeth.

Nachmittag um 3 Uhr wird in dem Gotteshaus der allerheiligsten Dreyfaltigkeit die Predigt, nach solcher die Litaney von Seiner fürstlichen Gnaden Titl. Herrn Herrn Bischofe zu Chiemsee gehalten.

Mittwoch den 18 Nachmittag um 3 Viertel auf 3 Uhr ist große Vesper. Seine hochfürstliche Gnaden geben vor dem Anfang der Vesper den heiligen Segen, und machen der solennen Corporis Christi Octav den Anfang.

Donnerstag den 19 als am Fronleichnamstage, ist Festum Pallii, gegen 8 Uhr kommen Seine hochfürstliche Gna-

Gnaden 2c. 2c. im rothen Habit und fliegender Kappa angethan, mit Vorhergehung der Herren Edelknaben, Truchsessen, Kriegs= Kammer= Hof= und geheimen Räthen, Hoffrequentirenden Herrn Cavalliers, Kammerherren, Ministers, Vortragung des Legatenkreuzes, und Begleitung eines hochwürdigen Domkapitels in die hochfürstliche Domkirche, und pontificieren allda solenniter unter gewöhnlicher Bedienung. Nach vollendetem Hochamte ist von der hochfürstlichen Domkirche aus die große Fronleichnams= proceßion durch die vornehmsten Gassen der Stadt. Dabey erscheinen alle Ordenspersonen, sämmtliche Geistlichkeit, Bruderschaften und Zünften mit ihren auf unterschiedliche Art gezierten Kreuzen, Stangen und Fahnen. Seine hochfürstliche Gnaden 2c. 2c. tragen das allerheiligste Sacrament des Altars Selbsten in Aßistierung des Titl. Herrn Domprobsten, und vier Titl. Herren Kapitularen des hohen Erzstiftes, so auch hernach wechselweise die heiligen Evangelien absingen. Die hochfürstliche Kammerherren erscheinen in ihren gewöhnlichen schwarzgespitzten Mantelkleidern und tragen wechselweise den Himmel, und sechs Herren Edelknaben in ihren spanischen Kleidern die Torzen. Bey den vier Evangelien wird sowohl von der hochfürstlichen Soldatesca, als auch zween bürgerl. Compagnien zu Fuß wechselweise das Salve gegeben, und nach vollendeter Proceßion machen sammt dem hochfürstlichen und bürgerlichen Artilleriecorpo auch die bürgerliche Compagnie zu Pferd auf dem Hofplatze die Parade und ihre unterthänigste Aufwartung, welche Seine hochfürstliche Gnaden sodann aus dero Audienzzimmer in höchsten Augenschein zu nehmen sich gnädigst gefallen lassen.

Freytag den 20 gehet die Proceßion von dem uralten Kloster des heiligen Peters, des Ordens des heiligen Benedikts aus.

Samstag den 21 ist die Proceßion bey den wohlehrwürdigen Klosterfrauen des Ordens des heiligen Benedikts auf dem Nonnberg.

Sonntag den 22 geht die Proceßion aus der hochfürstlichen Domkirche, in das löbliche Gotteshaus zu unser lieben Frauen nach Müllen zu den EE. PP. Augustinern,

 allwo

allwo Titl. Herr Herr Domprobst das Hochamt halten, und das allerhöchste Gut tragen, die Herren Truchsessen aber den Himmel, und vier Herren Edelknaben die Torzen.

Montag den 23 geht die Proceßion aus der hochfürstlichen Universität, sechs studierende Herren Cavalliers, tragen über das allerhöchste Sacrament des Altars in rothen Mänteln den Himmel.

Dienstag den 24 ist die Proceßion zu Müllen bey den EE. PP. Augustinern.

Mittwoch den 25 ist die Proceßion bey den EE. PP. Franciscanern.

Donnerstag den 26 ist aus der hochfürstlichen Domkirche die Proceßion nach dem löblichen Gotteshause des heiligen Sebastians, in eben dieser Ordnung wie an dem Fronleichnamstage. Das allerhöchste Gut tragen Titl. Herr Herr Domdechant des hohen Erzstiftes, den Himmel aber einige der ersten Bürger; auf dem Gottesacker allda wird bey dem aufgerichteten Altare das Hochamt gesungen. Das hochwürdige Domkapitel und gesammte Hofstaat, als auch das ehrsame Handwerk der bürgerlichen Bäcker gehen zweymal zum Opfer; im Ruckwege aber wird die Octav unter Abfeurung der Kanonen mit dem heiligen Segen beschlossen.

NB. Sofern aber das Wetter nicht zuläßt mit der Proceßion auszugehen, wird das Hochamt in der hochfürstlichen Domkirche gehalten, in welche Seine hochfürstliche Gnaden mit dero Hofstaat herab zu kommen, und unter dero allda zubereiteten Baldachin selben beyzuwohnen, auch zu dem vorbesagten Opfer zu gehen sich gnädigst gefallen lassen. Nach vollendetem Hochamt ist hinnach die Proceßion in der hochfürstlichen Domkirche herum.

Sonntag den 29 an dem Feste der heiligen Apostel Petri und Pauli wird in der uralten löblichen Peterskirche der WW. EE. HH. PP. Benediktinern als absonderlichen Kirchenpatronen um 9 Uhr Predigt und Hochamt gehalten.

Montag den 30 wird bey den wohlehrwürdigen Klosterfrauen des adelichen Stifts Nonnenberg des Ordens des heiligen Benedikts das Verableibungsfest der heiligen Erentraud um 9 Uhr gehalten.

Heu-

7te Mona	Heumonat hat 31 Tag.	☾ lauf	Aspecten und Witterung	Die Monds-Brüche.
Dienst	1 Aaron Priester	♋	☍ ♄ ☉,	☽
Mitw	2 Mar. Heimsuch	♌	☉ Aufgang	
Doner	3 Eulogius M.	♌	4 Uhr 7 min.	Den 7 dito
Freyt	4 Udalricus Bisch	♍	Tagl. 15 stund	gehet ein
Samst	5 Elisabetha. K.	♍	44 minuten	das erst Vier-
	Von dem grossen Fischzug Petri. Luc. 5.			tel um 4 Uhr 48 minuten
Sonta	6 E 4 Angelina	♍	feucht wetter	Nachmittag.
Mont	7 Wilibald Bisch.	♎	☽ um 4 Uhr	
Dienst	8 Kilian Bischof	♎	Nachmittag	●
Mitw	9 Lucretia Jungfr	♏	☉ Untergang	
Doner	10 7 Brüder M.	♏	7 Uhr 52 min	Den 14 ge-
Freyt	11 Pius 1 Papst	♐	zielet ab auf	het der Voll-
Samst	12 Joha. Gualbert	♐	Ungewitter,	mond ein um 7 Uhr 52 min
	Von der Pharisæer Gerechtigkeit. Matth. 5			in der fruh.
Sonta	13 E 5 Eugenius	♑	☍ ♄, warm	
Mont	14 Bonaventura	♑	● um 7 Uhr	☾
Dienst	15 Henricus Kais.	♒	in der fruh,	
Mitw	16 Scapulier Fest	♒	geschwülliges	Den 21 di-
Doner	17 Alexius Pilgra.	♓	⚹ ♄, Wetter	to rucket ein
Freyt	18 Simphorosa	♓	△ ♄ ♀,	das letzt Vier-
Samst	19 Arsenius Einsied	♈	□ ♄, □ ☿,	tel um 5 Uhr 30 minuten
	Jesus speiset 4000 Mann. Mark. 8.			in der fruh.
Sonta	20 E 6 Margareth	♈	☍ ♃ ☉,	
Mont	21 Daniel Prophet	♉	☾ um 5 U. fr.	Den 23 ge-
Dienst	22 Mar. Magdale	♉	Hunds Tag	het die Sonn
Mitw	23 Liborius Bisch.	♉	Anfang und	in Löwen um
Doner	24 Christina Jgfr.	♊	☉ geht in ♌	2 Uhr 58 min
Freyt	25 Jakobus Apostel	♊	hitzig wetter	in der fruh.
Samst	26 Anna Mutt. M	♋	continuiret,	●
	Hüttet euch für falsche Propheten. Matth 7.			Den 29 di-
Sonta	27 E 7 Pantaleon	♋	Tagl. 14 stund	to wird der
Mont	28 Innocentius	♋	54 minuten	Mond wieder
Dienst	29 Martha Jgfr.	♌	● um 8 Uhr	neu um 8 Uhr
Mitw	30 Abdon, Senen.	♌	in der fruh,	50 minuten
Doner	31 Ignatius Lojo.	♍	Augustschein	in der fruh.

Hof- und Kirchen-Feste im Monat Julii

Mittwoch den 2 Julii, wird Nachmittag in dem Löbl. Gotteshaus der allerheiligsten Dreyfaltigkeit die marianische Andacht um 4 Uhr vollzogen.

Dienstag den 16 wird zu St. Peter das Scapulierfest gehalten.

Samstag den 19 fällt der Anniversariatstag für weiland den gottselig-abgeleibten Reichsfürsten und Erzbischofen Franciscus Antonius aus dem hochreichsgräflichen Hause von Harrach, wie auch Tags darauf für dessen hochreichsgräfliche Familie.

Sonntag den 20 ist in der hochfürstl. Domkirche das monatliche siebenstündige Gebeth.

Freytag den 25 fängt in dem löblichen Kloster St. Peter des Ordens des heiligen Benedikts das durch drey Tage daurende vierzigstündige Gebeth an.

Sonntag den 28 wird das Bruderschaftfest der heiligen Anna gehalten; ist also Nachmittag in der hochfürstlichen Domkirche um 2 Uhr die Predigt, nach der Vesper und Complet die löbliche Anna Bruderschafts-Procession mit Herumtragung des allerheiligsten Sacraments des Altars; welches, wie auch die auf dem heiligen Anna-Altare nachfolgende Litaney Seine Fürstliche Gnaden Titl. Herr Herr Bischof zu Chiemsee verrichten.

Au-

8te Mona	August hat 31 Tag.	☾ lauf	Aspecten und Witterung	Die Monds. Brüche.
Freyt	1 Petri Kettenfey	♈	☉ Ausgang	☽
Samst	2 Portiunkula	♈	4 Uhr 35 min	
	Vom ungerechten Haushalter. Luc. 16.			Den 6 dies geht ein das erst Viertel um 1 Uhr 1 minuten in der fruh.
Sontag	3 E Steph. Erf.	♉	☍ ♃ ☿,	
Mont	4 Dominikus	♉	□ ♃, □ ☿,	
Dienst	5 Mar. v. Schnee	♊	guts Wetter	
Mitw	6 Verklär. Christi	♊	☽ um 1 Uhr	
Doner	7 Cajetan, Afra	♋	in der fruh,	
Freyt	8 Cyriacus M.	♋	Tagl. 14 stund	●
Samst	9 Roman Mart.	♌	30 minuten	
	Jesus weinet über Jerusalem. Luc. 19.			Der Mond wird voll den 12 dito um 3 Uhr 7 minut. Nachmittag.
Sontag	10 E Laurentius	♌	☉ Untergang	
Mont	11 Susanna Jfr.	♍	7 Uhr 30 min	
Dienst	12 Clara Jungfr.	♍	● um 3 Uhr	
Mitw	13 Caßianus Bisch	♎	Nachmittag	
Doner	14 F. Eusebius	♎	□ ♄ ♀,	☾
Freyt	15 Mar. Himelfa.	♏	△ ♂ windig	
Samst	16 Rochus, Alippi	♏	☌ ♂, wetter	Das letzte Viertel scheinet den 19 dis um 3 Uhr 14 m. Abends.
	Von dem offenen Sünder Luc. 18.			
Sontag	17 E 10 Joachim.	♏	△ ♃, warm	
Mont	18 Helena Kaiser.	♐	Tagl. 14 stund	
Dienst	19 Sebaldus M.	♐	☾ um 8 Uhr	
Mitw	20 Bernardus Abt	♑	Abends,	Den 23 dito gehet die Sonn in die Jungfrau um 9 Uhr 17 minuten fruh.
Doner	21 Privatus M.	♑	△ ♀, ✱ ♂,	
Freyt	22 Antoninus M.	♑	☍ ♂ ♀,	
Samst	23 Philippi Benit.	♒	☉ gehtin ♍	
	Vom Tauben und Stummen. Mark. 7.			
Sontag	24 E 11 Bartholo.	♒	Hunds Täg	
Mont	25 Ludovics König	♓	nehmen ein	●
Dienst	26 Samuel Proph.	♓	△ ♂, Ende	
Mitw	27 Joseph. Calas.	♓	● um 11 Uhr	Den 27 dis wird abermal der Mond neu um 11 Uhr 26 minut. in der Nacht.
Doner	28 Augustin Kirch.	♈	Nachts,	
Freyt	29 Joh. Enthaupt.	♈	Herbstschein	
Samst	30 Rosa von Lima	♉	temperirt,	
	Von dem barmherzigen Samaritan. Luc. 10			
Sontag	31 E 12 Schutzenglfest, Raymund	♉		

Hof- und Kirchen-Feste im Monat August.

Samstag den 2 ist das Fest des Ablasses Portiunkula bey den EE. PP. Franciscanern, dahin Seine hochfürstliche Gnaden rc. rc. in langen Kleidern und rothen Mantel öffentlich durch die Ritterstube und Karabinersaal in Korteggio, gesammten Hofstaat und Begleitung der anwesenden Domherren zu kommen, und der alldortigen Andacht beyzuwohnen Sich gefallen lassen.

Dienstag den 5 fällt ein das Fest Maria Schnee, welches in der hochfürstlichen Domkirche celebriret wird.

Nachmittag wird in dem Gotteshause der allerheiligsten Dreyfaltigkeit um 4 Uhr eine Litaney und Sermon gehalten.

Donnerstag den 7 als am Feste des heiligen Patriarchen Cajetan fahren Seine hochfürstliche Gnaden rc. rc. im rothen Habit mit gesammter Hofstaat und Begleitung der anwesenden Domherren, zu den EE. PP. Theatinern, und wohnen allda der Andacht bey.

Samstag den 9 ist der jährliche Gedächtnißtag des empfangenen Pallii.

Don-

Donnerstag den 14 ist Nachmittag in der hochfürstlichen Domkirche grosse Vesper; daher die Hofstaat um 3 Viertel auf 3 Uhr ihre unterthänigste Aufwartung zu machen hat.

Freytag den 15 als am Feste Maria Himmelfahrt ist Festum Pallii, und pontificieren Seine hochfürstliche Gnaden 2c. 2c. in höchster Person; daher die Hofstaat in der Galla zu erscheinen hat.

Nachmittag wird hernach bey der allerheiligsten Dreyfaltigkeit die gewöhnliche marianische Andacht gehalten.

Samstag den 16 wird das Fest des heiligen Rochus als absonderlichen Schutzpatrons wider die leidige Seuche der Pest in dem sogenannten Lazareth und Arbeitshause mit einem Hochamte und die ganze Octav hindurch Nachmittag gegen 5 Uhr mit einer musicalischen Litaney und Aussetzung des allerhöchsten Guts celebriret.

Sonntag den 17 ist in der hochfürstlichen Domkirche das monatliche siebenstündige Gebeth.

Sep:

9te Mona	Herbstmonat hat 30 Tag.	☾ lauf	Aspecten und Witterung	Die Monds-Brüche.
Mont	1 Aegidius Abt	♏	warm wetter	☽
Dienst	2 Stephan. Kön.	♏	⊙ Aufgang	Den 4 dito gehet ein das erst Viertel um 7 Uhr 33 minuten in der fruh.
Mitw	3 Rosalia Jgfr.	♐	5 Uhr 26 min	
Doner	4 Erntraud Jgfr.	♐	☽ um 7 Uhr	
Freyt	5 Victorinus M.	♐	in der fruh,	
Samst	6 Zacharias Prop	♑	droht mit Un-	
	Von den 10 Aussätzigen. Luc. 17.			
Sonta	7 E 13 Regina J	♑	gewitter,	●
Mont	8 Maria Geburt	♒	Tagl. 12 stund	Den 11 dito bekommen wir den Vollmond mit einer sichtbaren ☾ finsternuß um 12 Uhr 30 minut. fruh.
Dienst	9 Corbinian B.	♒	54 minuten,	
Mitw	10 Nicol. v. Tolent	♓	□ ♄ ♀,	
Doner	11 Prothus Mart.	♓	● um 12 Uhr	
Freyt	12 Tobias Prophet	♈	in der Nacht	
Samst	13 Maternus B.	♈	☾ finsternuß	
	Niemand kann zwey Herren dienen. Matth. 6			
Sonta	14 E Maria Namen Fest, heil. † Erhöh.			
Mont	15 Nicodemus B.	♉	⊙ Aufgang	☾
Dienst	16 Euphemia J.	♊	5 Uhr 47 min	Den 18 gehet ein das lezte Viertel um 1 Uhr 49 minut. Nachmittag.
Mitw	17 F. Quatember	♊	Lambertus	
Doner	18 Thom. v. Villa.	♊	☾ um 1 Uhr	
Freyt	19 F. Constantia	♋	Nachmittag	
Samst	20 F. Eustachius	♋	heitere Täg,	
	Von dem todten Jüngling zu Naim. Luc. 7			
Sonta	21 E Matthias Ap	♌	trockene Täge	Den 23 gehet die Sonn in die Waag um 5 Uhr 42 minut. fruh.
Mont	22 Mauritius M.	♌	contiuiren,	
Dienst	23 Thecla Martyr	♌	⊙ geht in ♎	
Mitw	24 Rupertus Bisch	♍	guter Herbst	
Doner	25 Kirchweihfest	♍	Anfang,	
Freyt	26 Virgili Erheb.	♎	● um 1 Uhr	●
Samst	27 Cosma, Damia.	♎	Nachmittag	
	Jesus heilet einen Wassersüchtigen. Luc. 14.			Der Neumond geht ein den 26 um 1 Uhr 21 min. Nachmittag.
Sonta	28 E 16 Wenzeslaus K.		Weinschein	
Mont	29 Michael Erzeng	♏	Tag u. Nacht	
Dienst	30 Hieronymus K.	♏	gleich lang,	

Hof- und Kirchen-Feste im Monat
September.

Donnerstag den 4 wird in dem uralten adelichen Stift Nonnenberg der wohlehrwürdigen Klosterfrauen des Ordens des heiligen Benedikts das Translationsfest der heiligen Ehrentrudis, feyerlichst gehalten. Die Octav hindurch ist um 3 Viertel auf 4 Uhr eine Litaney mit vor und nach zugebenden heiligen Segen.

Montag den 8 wird Nachmittag das Fest Maria Geburt in dem Löbl. Gotteshaus der allerheiligsten Dreyfaltigkeit mit der löblichen marianischen Andacht celebriret.

Sonntag den 14 als an dem Feste der Kreuzerhöhung wird in der löblichen Burgerspitalkirche Nachmittag um 4 Uhr Predigt und Litaney gehalten.

Samstag den 20 wird die Priesterweihe gehalten.

Sonntag den 21 ist in der hochfürstlichen Domkirche das monatliche siebenstündige Gebeth.

Dienstag den 23 Nachmittag ist in der hochfürstlichen Domkirche um 3 Uhr grosse Vesper, und also von der Hofstaat die unterthänigste Aufwartung zu machen.

Mittwoch den 24 als am Feste des heil. Ruperti ersten Stadt- und Landspatrons, ist Festum Pallii, Nachmittag ist grosse Vesper wegen der morgen einfallenden Kirchweihe.

Donnerstag den 25 als an dem Feste der Kirchweihe in der hochfürstlichen Domkirche ist um 8 Uhr die Predigt; sodann das Hochamt.

Freytag den 27 wird in der hochfürstlichen Domkirche das Fest der Erhöhung des heiligen Virgilii celebriret, und nach 8 Uhr von Seiner Fürstlichen Gnaden zu Chiemsee das Hochamt gehalten.

Montag den 29 wird in der allhiesigen St. Michaelis-kirche von der löblichen unter dem Schutze des heiligen Erzengels Michael aufgerichteten Bruderschaft dieses Fest feyerlichst, sammt einer wohlangestellten musikalischen Litaney die ganze Octav hindurch gehalten.

Dienstag den 30 ist der höchste Namenstag Sr. hochfürstlichen Gnaden 2c. 2c. unsers gnädigsten Landesfürsten und Herrn Herrn.

C Octo-

10te Monat	Weinmonat hat 28 Tag.	☾ lauf	Aspecten und Witterung
Mitw	1 Remigius B.	♐	☍ ♂ ☉,
Doner	2 Leodegarius B.	♐	windig weter
Freyt	3 Gerard uus Abt	♑	☽ um 1 Uhr
Samst	4 Franc. Seraph.	♑	Nachmittag
Von dem grösten Geboth. Matth. 22.			
Sonta	5 E 17 Rosenkranz-Fest Placid	♒	
Mont	6 Bruno Ordenst.	♒	□ ♄ ☍ ♂ ☽
Dienst	7 Justina Jgfr.	♓	✱ ♄, △ ♀
Mitw	8 Birgitta Wittib	♓	☉ Aufgang
Doner	9 Dionysius B.	♈	6 Uhr 27 min
Freyt	10 Francisc. Borg.	♈	● um 12 Uhr
Samst	11 Aemilian M.	♈	zu Mittag,
Von dem Gichtbrüchigen. Matth. 9.			
Sonta	12 E 18 Maximilian Bischof	♉	
Mont	13 Eduard König	♉	Tagl. 11 stund
Dienst	14 Calistus Papst	♊	25 minuten
Mitw	15 Theresia Jungf.	♊	☉ Untergang
Doner	16 Gallus Abt	♋	5 Uhr 24 min.
Freyt	17 Rosina Jgfr.	♋	feucht wetter
Samst	18 Lukas Evangel	♋	☾ 9 Uhr fruh
Von der königl. Hochzeit. Matth. 22.			
Sonta	19 E 19 Petrus v. Alcant. Ferdinand		
Mont	20 Vitalis Bischof	♌	☉ Aufgang
Dienst	21 Ursula Jungfr.	♍	6 Uhr 24 min
Mitw	22 Cordula Jgfr.	♍	☌ ♀ ☉,
Doner	23 Johan. Capistr.	♍	☉ geht in ♏
Freyt	24 Raphael Erzen.	♎	Wind und
Samst	25 Chrysanth M.	♎	Regenwetter
Von des Königs kranken Sohn. Joh. 4.			
Sonta	26 E 20 Evaristus	♏	● um 2 Uhr
Mont	27 Jvo ein Jurist	♏	in der fruh
Dienst	28 Simon, Judi	♐	Winterschein
Mitw	29 Engelhardus	♐	□ ♃ ♀,
Doner	30 Serapion	♑	Tagl. 10 stund
Freyt	31 W. Wolfgang	♑	18 minuten

Die Monds Brücke.

☽ Den 3 dito stellt sich ein das erste Viertel um 1 Uhr 34 min. Nachmittag.

● Den 10 ergänzet sich der Mond um 12 Uhr 23 min. zu Mittag.

☾ Den 18 gehet das letzte Viertl ein um 9 Uhr 31 m. Vormittag.

Den 23 gehet die Sonn in Scorpion um 1 Uhr 37 minut. Nachmittag.

● Den 26 dies gehet ein das Neulicht um 2 Uhr 4 min. in der fruh.

October.

Samstag den 4 fällt ein das Fest des heiligen Franciscus Seraphicus, welches bey den EE. PP. Franciscanern mit einer Predigt und Hochamt celebriret wird.

Sonntag den 5 wird in der hochfürstlichen Universitätskirche das Fest des heiligen Rosenkranzes gehalten.

Sonntag den 12 wird in dem uralt-löblichen Kloster St. Peter des heiligen Benedikts die dasige Kirchweihe mit einem Hochamte, und vorhergehender Predigt um 9 Uhr gehalten.

Sonntag den 19 ist das monatliche siebenständige Gebeth in der hochfürstl. Domkirche.

Montag den 20 wird zu St. Peter das Fest des heiligen Vitals mit Predigt und Hochamte, auch Nachmittag mit einer Litaney durch die ganze Octav gehalten.

Dienstag den 21 wird das Fest der heiligen Ursula bey den wohlehrwürdigen Klosterfrauen daselbst mit Predigt und Hochamt, unter Aussetzung des Hochwürdigen Guts, und die ganze Octav hindurch mit einer Litaney feyerlichst gehalten.

Donnerstag den 23 fällt ein der Anniversariatstag für den höchster Gedächtniß abgeleibten Reichsfürsten und Herrn Herrn Erzbischofen Leopold Anton rc. und Tags darauf der von weil. Höchstderoselben rc. für die hochgräfliche Familie von Firmian gestiftete Jahrtag.

Freytag den 31 ist in der hochfürstlichen Domkirche grosse Vesper, und hat also die Hofstaat um 3 Viertel auf 3 Uhr zu erscheinen.

11te Mona	Wintermonat hat 30 Tag.	☾ lauf	Aspecten und Witterung
Samst	1 Allerheiligen	♒	☽ 8 Uhr Abends
	Von des Königs Rechnung Matth. 18		
Sonta	2 E 21 Malachiä	♒	heitere Täge
Mont	3 Aller Seelen,	♓	Hubertus B.
Dienst	4 Carol. Borrom	♓	☉ Aufgang
Mitw	5 Zacharias Prop	♓	7 Uhr 9 min.
Doner	6 Leonhardus Abt	♈	Tagl. 9 stund
Freyt	7 Engelbertus B.	♈	28 minuten
Samst	8 Godefriedus B.	♈	feucht wetter
	Von des Kaisers Zinsgroschen. Matth. 22.		
Sonta	9 E 22 Theodorus	♉	● um 2 Uhr
Mont	10 Andr. Avellinus	♊	in der fruh
Dienst	11 Martin Bischof	♊	☉ Untergang
Mitw	12 Martin Papst	♊	4 Uhr 36 min
Donez	13 Stanislaus Kö	♋	☌ ♄, kalt
Freyt	14 Jukundus	♋	☌ ♃, □ ♀,
Samst	15 Leopoldus M	♌	△ ♂, □ ☿,
	Von des Obersten Töchterlein. Matth. 6.		
Sonta	16 E 23 Ottmarus	♌	neblicht wett.
Mont	17 Gregori. Thav.	♌	☾ um 5 Uhr
Dienst	18 Otto Abt	♍	in der fruh,
Mitw	19 Elisabetha Wit.	♍	△ ♃, Nebel
Doner	20 Edmundus Kön	♎	□ ♄, ☍ ♂,
Freyt	21 Mar. Opferung	♎	☌ ♀, □ ♃,
Samst	22 Cäcilia Jgfr.	♏	☉ geht in ♐
	Vom Greul der Verwüstung. Matth. 24.		
Sonta	23 E 24 Clemens.	♏	☌ ☿, ✱ ♄,
Mont	24 Johan. v. Kreuz	♐	● um 1 Uhr
Dienst	25 Catharina J.	♐	Nachmittag,
Mitw	26 Conradus B.	♑	✱ ♀ , □ ♂,
Doner	27 Virgilius Bisch	♑	☌ ♄, ✱ ☿
Freyt	28 Jeremias Prop	♒	☉ Untergang
Samst	29 Noe Patriarch	♒	4 Uhr 15 min
	Es werden Zeichen geschehen. Luk. 21.		
Sonta	30 E 1 Advent Andreas Apostel	♒	

Die Monds Brüche.

☽

Das erste Viertel geht ein den 1 dito um 8 Uhr 21 minuten Abends.

●

Den 9 dis wird voll der Mond um 2 Uhr 56 min. in der fruh.

☾

Das letzte Viertel trist ein den 17 dito um 5 Uhr 57 minuten in der fruh.

Den 22 gehet die Sonn in Schützen um 9 Uhr 48 minuten fruh.

●

Den 24 gehet der Neumond ein um 1 Uhr 35 min Nachmittag.

[illegible] Feste im Monat November.

Samstag den 1 als an dem Feste Allerheiligen, ist Festum Pallii: Seine hochfürstliche Gnaden ꝛc. ꝛc. pontificieren solenniter in höchster Person in dero Domkirche..

Sonntag den 2 nachmittag gegen halber 3 Uhr werden die Vigilien für alle abgestorbene Christglaubige Seelen gehalten, welchen Höchstdieselben ꝛc. ꝛc. in dem Oratorium des heiligen Ruperti beywohnen.

Montag den 3 als am aller Seelentage, erscheinen Höchstdieselbe ꝛc. ꝛc. abermal gegen 9 Uhr in dero Oratorium mit gesammter Hofstaat bey den für alle Christglaubige Seelen haltenden Exequien.

Eodem Nachmittag werden in der hochfürstlichen Domkirche für alle abgeleibte allhiesige des heil. röm. Reichs Fürsten und Herren Herren Erzbischöfe zu Salzburg höchster Gedächtniß die Vigilien:

Dienstag den 4 darauf die Exequien für ersagte weiland höchste Erzbischöfe gehalten.

Eodem wird das Fest des heiligen Karolus Borromäus Kardinals und mayländischen Erzbischofes, und absonderlichen Schutzpatrons der allhiesigen hochfürstlichen Universität, allda feyerlichst celebriret, auch die neuerwählten singularum Facultatum Decani promulgiret, die Statuta accademica vorgelesen. Nach dem Hochamte erscheinen die von Seiner hochfürstlichen Gnaden ꝛc. ꝛc. gnädigst abgeordneten (Titl.) Her-

Herren Herren Kommissarien, in dero Gegenwart der Magnificus D. P. Rector und sammentliche Herren Professores die Professionem fidei ablegen.

Nachmittag werden die Vigilien, und

Mittwoch den 5 darauf die Exequien für alle abgeleibte (Titl.) Herren Herren Domkapitularen des hohen Erzstiftes gehalten.

Sonntag den 9 ist der grosse Seelenablaß in der hochfurstlichen Universitätskirche, wohin sich Seine hochfürstliche Gnaden ꝛc. ꝛc. in Corteggio dero Hofstaat und Begleitung der Domherren gemeiniglich begeben, und dem Hochamte beyzuwohnen pflegen.

Sonntag den 16 ist das monatliche siebenstündige Gebeth in der hochfürstl. Domkirche.

Freytag den 21 fällt ein das Fest Mariä Opferung, wird Nachmittag in dem löblichen Gotteshause der allerheiligsten Dreyfaltigkeit die marianische Andacht gehalten.

Mittwoch den 26 ist in der hochfürstlichen Domkirche grosse Vesper.

Donnerstag den 27 als an dem Feste des heiligen Virgilii ist Festum Pallii und wird das Hochamt solenniter gehalten.

Samstag den 29 ist Nachmittag um 4 Uhr die erste Adventspredigt, so anheut und alle Samstage des Advents der E. P. Franciscaner, Feyertagsprediger ableget: die übrige Tage (ausser den Sonn- und Feyertägen) wird die Predig von den EE. PP. Capucinern als ordinari Dompredigern wechselweise nach geendigtem Rorate, welches um 5 Uhr frühe anfanget, gehalten.

De-

12te Mona	Christmonat hat 31 Tag.	☾ lauf	Aspecten und Witterung
Mont	1 Eligius Bischof		☽ um 5 Uhr
Dienst	2 Bibiana Jgf.		in der fruh
Mitw	3 F. Franc. Xaver		☉ Ausgang
Doner	4 Barbara Jgfr.		7 Uhr 38 min
Freyt	5 F. Sabbas Abt		Tagl. 8 stund
Samst	6 F. Nikolaus B.		22 minuten
	Von Johanni in der Gefängnuß. Matth. 11.		
Sonta	7 E 2 Advent. Ambrosius Kirch. Leh.		
Mont	8 Mariä Empfängnuß		● um 7 Uhr
Dienst	9 Leocadia Jgf.		Abends,
Mitw	10 F. Juditha W.		trüb Wetter
Doner	11 Damasus Papst		☉ Untergang
Freyt	12 F. Justinus M.		4 Uhr 7 min.
Samst	13 Lucia, u. Ottilia		△♂, △☿,
	Von dem Zeugnuß Johanni. Johan. 1.		
Sonta	14 E 3 Advent. Micasius Bischof		
Mont	15 Eusebius Bisch		starke Reise
Dienst	16 Adelheid Kaiser		anbey kalt,
Mitw	17 F. Quatember		☾ um 1 Uhr
Doner	18 Gratianus M.		in der fruh
Freyt	19 F. Reinhard B.		☌♀, ✶♄
Samst	20 F. Christian B.		Winter Anfa
	Im 15 Jahr des Kais. Tiberii. Luk. 3.		
Sonta	21 E 4 Advent. Thomas Ap.		☉ in
Mont	22 Flavianus M.		kürzeste Tag
Dienst	23 Victoria Jgf..		hell Wetter,
Mitw	24 F. Adam, Eva		● um 12 Uhr
Doner	25 Heil. Christtag		in der Nacht
Freyt	26 Stephan Mart		Jennerschein
Samst	27 Johan Evang.		trüb wetter
	Von der Flucht in Aegypten. Luk. 2.		
Sonta	28 Unschuldige Kind.		✶♄, ✶☿,
Mont	29 Thomas Kandel		feucht wetter
Dienst	30 David König		☽ um 4 Uhr
Mitw	31 Sillvester Papst		Nachmittag.

Die Monds Brüche.

☽ Das erste Viertel geht ein den 1 dito um 5 Uhr 1 min. fruh.

● Den 8 gehet der Vollmond ein um 7 Uhr 57 min. Abends.

☾ Den 17 dito rucket ein das lezt Viertel um 9 Uhr 9 min. fruh.

● Den 24 dito wird der Mond wieder neu um 12 U. in der Nacht.

☽ Den 30 dito gehet nochmal ein das erste Viertel um 4 Uhr 23 min. Abends.

Hof- und Kirchen-Feste im Monat December.

Mittwoch den 3 fällt das Fest des heiligen Francisci Xaveri, und wird solches in dem löblichen Kapitelspital mit Predigt und Hochamt celebriret, welchem Seine hochfürstliche Gnaden ꝛc. ꝛc. mit sämmtichen Korteggio, und Begleitung der anwesenden Domherren, beyzuwohnen sich belieben lassen.

Montag den 8 an dem Fest der unbefleckten Empfängniß Mariä ist bey der allerheiligsten Dreyfaltigkeit die gewöhnliche Andacht.

Dienstag den 16 fällt ein der Anniversariatstag weiland des heil. röm. Reichs Fürsten und Herrn Herrn Siegmund aus dem Hochreichsgräflichen Hause von Schrattenbach, und Tags darauf der von Höchstderoselben für die Hochreichsgräfliche Familie von Schrattenbach gestifte Jahrtag wird am folgenden Tage gehalten.

Samstag den 20 ist die Priesterweihe.

Sonntag den 21 ist in der hochfürstlichen Domkirche das monatliche siebenstündige Gebeth.

Mittwoch den 24 halten Se. hochfürstliche Gnaden ꝛc. ꝛc. die grosse Vesper. Nachtszeit nach 10 Uhr kommen Höchstdieselbe ꝛc. ꝛc. abermal in Dom herab, und halten allda die solenne Metten.

Donnerstag den 25 ist Festum Pallii, Seine hochfürstliche Gnaden ꝛc. ꝛc. pontificiren solenniter in höchster Person in dero Domkirche.

Freytag den 26 wird das Hochamt von Titl. Herrn Herrn Domprobsten des hohen Erzstiftes in der hochfürstlichen Domkirche celebriret.

Mittwoch den 31 wird nach geendigter Vesper von den hochfürstlichen Herren Edelknaben in dem Audienzzimmer die Neujahrs-Gratulation Sr. hochfürstlichen Gnaden ꝛc. ꝛc. unterthänigst abgeleget und überreichet, und solcher gestalten bey Hof das Jahr glücklich beschlossen.

MARSCHAL

SCHEMATISMUS

der Erzbischöflichen

Kirche zu Salzburg

unterworfenen

Suffraganeat- und Immediat-stifter, des hochwürdigen Domkapitels, der hohen Hof- und Erbämter, dann Stäbe der hochfürstlich-salzburgischen Kammerer, des heil. Rupert Ordensritter, geheimen- Konsistorial- Hof- Kammer- und Kriegsräthe, und der unter diesen hochlöbl. Dikasterien stehenden Aemter, Kanzleyen, und Bedienten, dann Pfleger und Beamten inn- und ausser dem Lande: der löblichen Landschaft, der hochfürstlichen Universität mit ihren Fakultäten, der auswärtig befindlichen Gesandten, Begwalten und Agenten, der Hofoffiziere, und Bedienten, des löblichen Stadtmagistrats, und Gerichts der hochfürstlichen Haupt- und Residenzstadt Salzburg.

Das höchste Haupt
aller dieser hohen Dikasterien, Aemtern und Kollegien ist

Der Hochwürdigste, des heil. römischen Reichs Fürst, und Herr Herr Hieronymus, Erzbischof zu Salzburg, Legat des heiligen apostolischen Stuhls zu Rom, Primat von Deutschland, aus dem fürstlichen Hause Kolloredo von Waldsee und Mels ꝛc. ꝛc. unser gnädigster Landesfürst und Herr Herr ꝛc. ꝛc.

Der

Der Metropolitan- und Erzbischöflichen Kirche zu Salzburg sind Suffraganen acht Bißthümer: nämlich das Bißthum und Hochstift

Freysing.

Der hochwürdigste, hochgebohrne Fürst und Herr Herr Ludwig Joseph, Bischof, und des heil. röm. Reichs Fürst zu Freysing, aus dem hochreichsfreyherrlichen Hause von Welden. Gebohren den 11 May 1727. Erwählt den 13 Jäner 1769.

Regensburg.

Der hochwürdigste, hochgebohrne Fürst und Herr Herr Anton Ignatz, Bischof, und des heil. röm. Reichs Fürst zu Regensburg, Probst und Herr zu Ellwangen, aus dem hochreichsgräflichen Hause Fugger von Kirchberg und Weisenhorn. Gebohren den 3 November 1711. Erwählt den 18 Jäner 1769.

Passau.

Se. Eminenz der hochwürdigste, hochgebohrne Fürst und Herr Herr Leopoldus Ernestus, der heil. röm. Kirche Kardinal, Bischof und des heiligen römischen

Reichs Fürst zu Passau, des heil. Stephansorden Großkreuz, aus dem hochreichsgräflichen Hause zu Firmian ꝛc. Gebohren den 22. Sept. 1708. Erwählt den 1 September 1763. Welches Hochstift aber von Seiner päpstlichen Heiligkeit Clemens dem zwölften unterm 23 Nov. 1730 auf allergnädigst kaiserl. Intercession de absoluta Authoritate Apostolica a Suffraganeatu eximirt und blos quoad Synodalia dem hohen Erzstifte unterwürfig erkläret worden.

Brixen.

Der hochwürdigste, hochgebohrne Fürst und Herr Herr Josephus Philippus, Bischof und des heil. röm. Reichs Fürst zu Brixen ꝛc. aus dem hochreichsgräfl. Hause von Spaur ꝛc. Gebohren den 23 Sept. 1718. Erwählt den 26 May 1779.

Diese vier hohen Bißthümer haben selbst ihre hochwürdigen Domkapiteln, und freye Wahl: nachfolgende aber werden von Seiner hochfürstl. Gnaden unserm gnädigsten Herrn Herrn ꝛc. ꝛc. durch gnädigste Ernennung ersetzet; außer daß bey Gurk zwischen dem durchlauchtigsten Erzhause Oesterreich, und dem hohen Erzstifte die Alternativ verglichen ist.

Gurk

Gurk.

Der hochwürdigste, hochgebohrne Fürst und Herr Herr Josephus Franciscus Antonius, Bischof zu Gurk, und des heiligen röm. Reichs Fürst, aus dem hochreichsgräflichen Hause von Auersperg ꝛc. Gebohren den 31 Jäner 1734. Wird zu diesem Bißthume ernennet den 18 October 1772.

Chiemsee.

Der hochwürdigste, hochgebohrne Fürst und Herr Herr Ferdinandus Christophorus, Bischof zu Chiemsee, und des heil. röm. Reichs Fürst ꝛc. aus dem hochreichsgräflichen Hause der des heiligen röm. Reichs Erbtruchsessen von Zeill ꝛc. Gebohren den 6 Februar. 1719. Wird zu diesem Bißthume ernennet den 30 September 1772.

Seckau.

Der hochwürdigste, hochgebohrne Fürst und Herr Herr Josephus Adamus, Bischof zu Seckau, und des heiligen röm. Reichs Fürst, aus dem hochreichsgräflichen Hause von, und zu Arco, Sr. kaiserl. königl.

apostolisch. Majestät, wirklicher geheimer Rath ꝛc. Gebohren den 27 Jäner 1733. Wird zu diesem Bißthume ernennet den 1 Jäner 1780.

Lavant.

Der hochwürdigste, hochgebohrne Fürst und Herr Herr Vincenz Joseph Franciscus Salesius, Bischof zu Lavant, und des heil. röm. Reichs Fürst, aus dem hochreichsgräflichen Hause von Schrattenbach ꝛc. Gebohren den 18 Juny 1744. Wird zu diesem Bißthume ernennet den 1 Juny 1777.

Das hochwürdige Domkapitel des hohen Erzstiftes Salzburg ꝛc. ꝛc. bestehet in diesem Jahre in nachfolgenden hohen Gliedern ꝛc. ꝛc.

I.

Der hochwürdigst=durchläuchtig hochgebohrne Herr Herr Vigilius Maria, des heil. röm. Reichs Fürst zu Firmian ꝛc. resignirter Bischof zu Lavant: Domprobst und Erzpriester. Domherr des Hochstifts Passau. Gebohren den 16 Februar. 1714. Aufgeschworen den 26 April 1728. Erwählt den 26 Novemb. 1753.

II.

Der hochwürdig=hochgebohrne Herr Herr Sigmund Christoph, des heil. röm. Reichs Erbtruchses Graf von Zeill, und Trauchburg, Domdechant, der Erz= und Hochstifter Cölln, und Costanz Domherr. Gebohren den 28 August 1754. Aufgeschworen den 20 September 1776. Erwählt den 14 May 1781.

III.

III.

Der hochwürdige hochgebohrne Herr Herr Karolus Hanibal, des heil. röm. Reichs Graf von Dietrichstein, Senior, Oblajarius, und Abt zu St. Joh. Domherr des Hochstifts Augsburg ꝛc. Gebohren den 29 Jäner 1711. Aufgeschworen den 9 November 1733.

IV.

Der hochwürdigste hochgebohrne Fürst, und Herr Herr Petrus Vigilius Bischof zu Trient, und des heil. röm. Reichs Fürst, aus dem hochreichsgräflichen Hause von Thun, und Hohenstein ꝛc. Gebohren den 14 Decemb. 1724. Aufgeschworen den 2 Octob. 1744.

V.

Der hochwürdigste hochgebohrne Fürst, und Herr Herr Ferdinandus Christophorus, Bischof zu Chiemsee, und des heil. röm. Reichs Fürst, aus dem hochreichsgräflichen Hause der des heil. röm. Reichs Erbtruchsessen Grafen von Zeill, Domherr des Hochstifts Augsburg. Gebohren den 6 Februar. 1719 Aufgeschworen den 13 Decemb. 1745.

VI.

Der hochwürdigst = durchläuchtig = hochgebohrne Herr Herr Franz Xaver, des heil. röm. Reichs Fürst von Breuner, der Hochstifter Passau und Augsburg Domherr. Gebohren den 21 May 1723. Aufgeschworen den 2 May 1746.

VII.

VII.

Der hochwürdigste hochgebohrne Fürst und Herr Herr Josephus Franciscus Antonius, Bischof zu Gurk, des heil. röm. Reichs Fürst, aus dem hochreichsgräflichen Hause von Auersperg, Probst zu Hartacker, Domherr des Hochstifts Passau. Gebohren den 31 Jäner 1734. Aufgeschworen den 29 October 1753.

VIII.

Der hochwürdigste durchläuchtig hochgebohrne Herr Herr Ferdinandus Maria, des heil. röm. Reichs Fürst von Lokowitz, Herzog zu Sagan, gefürsteter Graf zu Sternstein rc. Bischof zu Gent. Gebohren den 18 December 1726. Aufgeschworen den 6 Februar. 1754.

IX.

Der hochwürdige hochgebohrne Herr Herr Josephus, des heil. röm. Reichs Graf von Attembs, Scholastikus, der Hochstifte Ollmütz und Passau Domherr. Gebohren den 1 May 1734. Aufgeschworen den 29 März 1758.

X.

Der hochwürdige hochgebohrne Herr Herr Karolus Josephus, des heil. röm. Reichs Graf von Daun. Gebohren den 7 October 1728. Aufgeschworen den 24 März 1759.

XI.

Der hochwürdigste hochgebohrne Fürst, und Herr Herr Vincentius Josephus Franciscus

Sa-

Salesius Bischof zu Lavant, des heil. röm. Reichs Fürst, aus dem hochreichsgräflichen Hause von Schrattenbach. Gebohren den 18 Junii 1744. Aufgeschworen den 25 Jäner 1762.

XII.

Der hochwürdige hochgebohrne Herr Herr Antonius Willibaldus, des heil. röm. Reichs Erbtruchseß Graf von Wolfegg und Waldsee, Freyherr auf Waldburg, Domherr des Hochstifts Augsburg. Gebohren den 7 July 1729. Aufgeschworen den 25 August 1762.

XIII.

Der hochwürdige hochgebohrne Herr Herr Friderikus Vigilius Josephus, des heil. röm. Reichs Graf zu Lodron ꝛc. Gebohren den 18 July 1741. Aufgeschworen den 20 Nov. 1762.

XIV.

Der hochwürdige hochgebohrne Herr Herr Josephus Philippus Adamus, des heil. röm. Reichs Graf von Strassoldo ꝛc. Schneeherrenprobst. Gebohren den 28 März 1738. Aufgeschworen den 3 März 1764.

XV.

Der hochwürdige hochgebohrne Herr Herr Gandolfus Ernestus, des heil. röm. Reichs Graf von Künburg, Domherr zu Ellwangen. Gebohren den 8 May 1737. Aufgeschworen den 24 October 1765.

XVI.

XVI.

Der hochwürdige hochgebohrne Herr Herr Franciscus Xaverius, des heil. röm. Reichs alter Graf von Salm Reiferscheid, Erbmarschall des Churfürstenthums Kölln, Sacræ Rotæ Auditor, Domherr zu Kölln, Straßburg und Ollmütz. Gebohren den 1 Februar. 1749. Aufgeschworen den 3 July 1772.

XVII.

Der hochwürdige hochgebohrne Herr Herr Josephus, des heil. röm. Reichs Graf und Herr zu Stahrenberg, Domkustos, Domherr des Hochstifts Passau. Gebohren den 3 August 1748 Aufgeschworen den 31 August 1773.

XVIII.

Der hochwürdige hochgebohrne Herr Herr Karolus, des heil. röm. Reichs Graf von Khevenhüller, Domherr der Hochstifter Passau und Ollmütz. Gebohren den 28 November 1756. Aufgeschworen den 28 Juny 1773.

XIX.

Der hochwürdige hochgebohrne Herr Herr Hermann Jakob, des heil. röm. Reich Graf von Attems. Gebohren den 11 März 1756. Aufgeschworen den 30 August 1773.

XX.

Der hochwürdige hochgebohrne Herr Herr Philipp Joseph Michael, des heil. röm. Reichs Graf von Thun und Hochenstein, Domherr

zu

zu Passau und Trient. Gebohren den 29 September 1739. Aufgeschworen den 16 August 1775.

XXI.

Der hochwürdigste hochgebohrne Fürst, und Herr Herr Joseph Adam, Bischof zu Seggau, des heil. röm. Reichs Fürst, aus dem hochreichsgräflichen Hause von und zu Arco, Sr. kaiserl. königl. apostol. Majestät wirklicher geheimer Rath, Domherr zu Passau. Gebohren den 27 Jäner 1733. Aufgeschworen den 30 August 1776.

XXII.

Der hochwürdige hochgebohrne Herr Herr Friderich Franz Joseph, des heil. röm. Reichs Graf Spaur von Pflaum und Valdr. Gebohren den 1 Februar. 1756. Aufgeschworen den 15 Februar. 1777.

XXIII.

Der hochwürdige hochgebohrne Herr Herr Leopold Maximilian, des heil. röm. Reichs Graf und Herr zu Firmian. Gebohren den 11 October 1766. Aufgeschworen den 16 December 1780.

XXIV.

Der hochwürdige hochgebohrne Herr Herr Johann Friderich, des heil. röm. Reichs Graf von Waldstein und Wartenberg, Domherr zu Costanz und Augspurg. Gebohren den 21 August 1756. Aufgeschworen den 28 October 1782.

Die

Die hochfürstlich-salzburgische Hofstaat.

Obersthofmeister.

(Titl.) Herr Herr Franz Lactantius, Graf und Herr zu Firmian, Herr zu Kromez, Meggel, Leopoldskron, und Mistlbach, Sr. kaiserl. königl. apostolischen Majestät ꝛc. ꝛc. wirklicher geheimer Rath und Kammerer ꝛc. Den 10 Jäner 1736.

Oberstkammerer.

(Titl.) Herr Herr Georg Anton Felix des heil. röm. Reichs Graf und Herr von und zu Arco, Sr. kaiserl. königl. apostol. Majestät ꝛc. ꝛc. wirklicher geheimer Rath und Kammerer ꝛc. Den 30 Novemb. 1750.

Obersthofmarschall.

(Titl.) Herr Herr Nikolaus Sebastian des heil. röm. Reichs Graf von und zu Lodron, Kastell Romano, Laterano Herr zu Kastellan, Kastell Novo, Vestino, Zimberg, Biberstein, Himmelberg, Lamboding, und Wolterstorf, Sr. kaiserl. königl. apostol. Majestät ꝛc. ꝛc. wirklicher geheimer Rath und Kammerer ꝛc. Den 28 Febr. 1769.

Oberststallmeister.

(Titl.) Herr Herr Leopold Joseph, des heil. röm. Reichs Graf von Künburg, Freyherr von

von Künegg, Sr. kaiserl. königl. apostolischen Majestät ꝛc. ꝛc. wirklicher Kammerer, dann des hohen Erzstiftes Erbschenk. Den 28 Februar. 1764.

Oberstjägermeister.

(Titl.) Herr Herr Johann Gundacker, des heil. röm. Reichs Graf von und zu Herberstein, Sr. kaiserl. königl. apostol. Majestät ꝛc. ꝛc. wirklicher Kammerer. Den 21 December 1764.

Leibguardehauptmann.

(Titl.) Herr Herr Leopold Graf von Lodron, und Kastell Roman, Herr zu Kastell Novo ꝛc. den 25. December 1742.

Die vier Erbämter des hohen Erzstiftes Salzburg begleiten, als

Erblandmarschall.

(Titl.) Herr Herr Hieronymus, des heil. röm. Reichs Graf zu Lodron, Kastell Roman, Herr zu Kastellan, Kastell Novo, Kastell Alto, Gmünd, und Sommeregg.

Erbschenk.

Sind die (Titl.) Herren Herren Grafen von Künburg.

Erb-

Erbkammerer.

(Titl.) Herr Herr Norbert Johann, des heil. röm. Reichs Graf von Törring, Jettenbach, auf Rankam, Vaters und Wuhrsham, zu Tängling, Stallwang, Sinpach, und Peresham, Churpfälzischer Kammerer, Generalfeldmarschall-Lieutenant, dann der Löbl. Leibgarde der Hatschier erster Lieutenant, Erblandjägermeister in Bayern, dann des fürstlichen Domstifts Regensburg Erbmarschall, und Pfleger zu Cham.

Erbtruchseß.

Der durchlauchtig hochgebohrne Fürst und Herr Herr Johann Friderich, des heiligen röm. Reichs Fürst von Lamberg, Freyherr von Ortenegg, und Ottenstein, auf Stockern und Amerang, Sr. kaiserl. königl. apostolischen Majest. wirklicher geheimer Rath, und Kammerer, dann Oberstlieutenant bey dem löblichen tyrolischen unterinntalischen Scharfschützen-Regimente, Obersterblandkammerer, und Obersterblandjägermeister in dem Erzherzogthume Oesterreich ob der Enns, Obersterblandstallmeister in dem Herzogthume Krain, und der windischen March, Erblandmarschall des Hochstifts Passau, Herr der Herrschaften Steyer, Götzendorf, Berg, Zichowitz, Schiowitz, Rabi, Kallenitz, Klatryb, Kützbihel, Rabsburg, Lembach, und Münchau 2c.

Oberst-

Oberstkammerer.

(Titl.) Herr Herr Georg Anton Felix des heil. röm. Reichs Graf und Herr von und zu Arco, Sr. kaiserl. königl. apostol. Majestät ꝛc ꝛc. wirklicher geheimer Rath und Kammerer, ernennt den 30 November 1750.

Die hochfürstl. salzburgischen Kammerer.

Herr

Herr Franz Anton Graf von Platz, Freyherr zum Thurn, Herr auf Gradisch, Hochbichl und Oberweißburg, steyerisch-kärntnerisch- und salzburgischer Landmann, Pfleger zu Radstadt, den 3 October 1738.

Herr Wolfgang Franz Graf von Ueberacker, Freyherr zu Sieghartstein und Pfongau, Pfleger zu Mühldorf, den 3 July 1740.

Herr Franz Felix Joseph von Schafmann, Freyherr von Hammerles und Kanárowitz, Pfleger in der Abtenau, den 4 October 1741.

Herr Joseph Johann Nepomuck Dücker, Freyherr von Haßlau, Kommendeur des löblichen heiligen Ruperti Ritterorden und kaiserl. königl. Oberstlieutenant, den 5 April 1754.

Herr Adolph Freyherr von Zehmen, Chursächsischer geheimer Rath, und Hofrath, den 5 April 1756.

Herr Wolf Christoph Graf von Ueberacker, Freyherr zu Sieghartstein und Pfongau, kaiserl. Reichshofraths-Vicepräsident, den 5 April 1756.

Herr Leopld Lasser von der Halden, Freyherr auf Marzoll und Schwarzbach, fürstlich-kemptischer geheimer Rath, Hofmarschall und Pfleger disseits der Iller, den 25 July 1756.

Herr Friderich de Negri, Pfleger in Hällein, den 18 Februar. 1757.

Herr

(Titl. Herr)

Herr Leopold Freyherr von Axer, Pfleger zu Waging, den 5 April 1759.

Herr Wolf Leopold Graf von Ueberacker, Pfleger zu Tittmoning, den 5 April 1759.

Herr Leopold Graf von Lodron, des heil. Ruperti Ordensritter und Leibguardelieutenant, den 28 Februarii 1761.

Herr Johann Nepomuck Graf von Wicka, Oberstlieutenant, den 28 Febr. 1763.

Herr Georg Anton Freyherr von Motzl, wirklicher geheimer Rath, Hofkammer-Vicepräsident und General-Steuereinnehmer von der Ritterschaft, auch Landmann, den 21 December 1764.

Herr Maximilian Freyherr von Rehlingen zu Goldenstein, Ursprung, und Elsenheim, steyerisch-kärntnerisch- und salzburgischer Landmann, des heil. Ruperti Ordensritter, kaiserl. königl. Hauptmann, den 21 December 1766.

Herr Leopold Graf von Platz, Freyherr zum Thurn, Herr zu Neuhäusel, steyerisch-kärntnerisch- und salzburgischer Landmann, Hofkammerrath, den 1 Februarii 1768.

Herr Andreä Gottlieb Freyherr von Prank, des heil. Ruperti Ordensritter, Oberster und Stadtkommandant, auch Hofkriegsraths-Director, dann Landmann, den 20 July 1768.

Herr Johann Nepomuck Freyherr von Rehlingen, Oberstsilberkammerer und Hofkammerrath, den 1 Jäner 1770.

Herr Wolf Joseph Graf von Ueberacker, Hof- und Hofkammerrath, den 28 November 1773.

Herr Franz Christoph Freyherr von und zu Lehrbach, kaiserl. königl. Oberstjäger- und Oberstforstmeister in dem österreichischen Innviertel, den 2 May 1774.

Herr Franz Freyherr von Würz a Rudenz, fürstlich-kostanzischer wirklicher Hofrath und Obervogt der Stadt und Herrschaft Arbon, den 14 März 1774.

(Titl. Herr)

Herr Franz Freyherr von Enzenberg, wirklicher geheimer Rath und Hofrath, auch residirender Minister am kaiserl. königl. Hoflager, Lehenkommissarius in Oesterreich und Hauptmann zu Träsmauer, den 12 July 1776.

Herr Ferdinand Dücker, Freyherr von Haßlau, Oberstwachtmeister, des heil. Ruperti Ordensritter und Landmann, den 1 August 1778.

Herr Karl Graf und Herr von und zu Arco, Oberst-Küchenmeister und Pfleger zu Neuhaus, den 16 Jäner 1779.

Herr Joseph Freyherr von Rehlingen zu Goldenstein, Herr auf Ursprung und Elsenheim, Viceoberststallmeister, den 30 September 1780.

Herr Karl Erbtruchses Wolfegg, des heil. röm. Reichs Graf von Waldsee, Freyherr auf Waldburg, den 19 Juny 1781.

Herr Sigmund Dücker, Freyherr von Haßlau, den 30 September 1781.

Der hochfürstliche geheime Rath.

Das Haupt hievon sind Seine hochfürstliche Gnaden unser gnädigster Landesfürst, und Herr Herr rc. rc.

(Titl.) Seine fürstliche Gnaden Bischof zu Gurk rc. den 8 May 1763.

(Titl.) Seine fürstliche Gnaden Bischof zu Chiemsee rc. den 31 December 1753.

(Titl.) Seine fürstliche Gnaden Bischof zu Seckau rc. den 1 Juny 1777.

(Titl.) Seine fürstliche Gnaden Bischof zu Lavant rc. den 1 Juny 1777.

(Titl. Herr)

Herr Domprobst des hohen Erzstifts, Vigilius Maria des heil. röm. Reichs Fürst zu Firmian, resignirter Bischof zu Lavant, den 29 September 1744.

Herr Franz Xaver, des heil. röm. Reichs Fürst von Breuner, Domherr, den 30 April 1773.

(Titl. Herr)

Herr Beda, Abt des uralten löblichen Klosters des heil. Peters des Ordens des heiligen Benedikts in Salzburg, den 29 July 1753.

Herr Domdechant des hohen Erzstiftes, Sigmund Christoph, des heil. röm. Reichs Erbtruchses Graf von Zeill, und Trauchburg, den 14 Juny 1781.

Herr Columbanus, Abt des uralt-löblichen Klosters Admont, des Ordens des heiligen Benedikts, den 18 September 1779.

Herr Franz Lactanz des heil. röm Reichs Graf und Herr zu Firmian ꝛc. Obersthofmeister, den 29 December 1735.

Herr Georg Anton Felix, des heil. röm. Reichs Graf und Herr von und zu Arco ꝛc. Oberstkammerer, den 1 Jäner 1733.

Herr Niklas Sebastian, des heil. röm. Reichs Graf von Lodron, Obersthofmarschall, den 28 Febr. 1769.

Herr Leopold des heil. röm. Reichs Graf von Künburg, Oberststallmeister, den 28 Februar. 1764.

Herr Gundacker, des heil. röm. Reichs Graf von und zu Herberstein, Oberstjägermeister, den 23 Jän. 1765.

Herr Christoph Graf von Seeau ꝛc. Dechant zu Deisendorf, frey resignirter Probst zu Maria Saal, den 5 April 1766.

Herr Georg Anton Freyherr von Motzl, Hofkammer-Vicepräsident und Generalsteuereinnehmer von der Ritterschaft, den 28 Jäner 1772.

Herr Franz Freyherr von Enzenberg, Kammerer, residirender Minister am kaiserl. königl. Hoflager, Lehenkommissarius in Oesterreich und Hauptmann zu Träsmauer, den 12 July 1776.

Herr Franz Antou Freyherr von Kürsinger, Hofkanzler, den 5 December 1773.

Herr Johann Sebastian Freyherr von Zillerberg, hochfürstlicher Komitial- und Directorialgesandter zu Regensburg und Landmann, den 1 November 1777.

(Titl. Herr)

Herr Pater Constantin Langhaider, Doktor der beyden Rechte, des Ordens des heil. Benedikts zu Kremsmünster, Rector Magnificus der hochlöbl. erzbischöflichen Universität, den 30 August 1766.

Herr Franz Thadde von Kleienmayrn, Hofrathsdirector, den 24 September 1767.

Herr Gottfried Ludwig von Moll, Pfleger zu Zell in Zillerthal und Fügen, den 1 May 1770.

Herr Johann Andreä Christani, Freyherr von Rall, der Gottesgelehrtheit und beyder Rechte Doktor und Konsistorialrath, den 24 December 1773.

Herr Franz Anton Edler von Aman, Generaleinnehmer, auch Hofkammer- und Bergwerksrath, den 1 Jäner 1776.

Herr Rochus Sebastian von Luidl, Hofkammer-Director, R. Ritter, und Landmann in sammentlich österreichisch. Erblanden, den 1 Jäner 1780.

Herr Franz Xaver Hochpichler, Konsistorial-Director, den 12 Jäner 1780.

Die hochfürstliche geheime Kanzley.

Direktor.

(Titl.) Herr Herr Franz Anton Freyherr von Kürsinger, Hofkanzler, geheimer Rath und Lehenprobst, den 9 Jäner 1774.

Archivarius und Sekretarius.

(Titl.) Herr Johann Nepomuck von Zillerberg, Hofrath, Landmann, und Pfleger zu Neumark, den 9 Jäner 1774.

Registrator und Taxator.

Herr Joseph Eyweck, und Hofrathssekretarius.

Kanzellisten.

Herr Rupert Groß.
Herr Christian Sigmund Aichhamer.
Herr Franz Burkard Cetti.
Herr Romuald Widmann, Protokollist.
Herr Wolfgang Schnizbauer, Kursor.

Hoch-

Hochfürstliches Postamt, so unter dem geheimen Kanzleydirektorium stehet.

Postsekretarius.

Vacat.

Herr Joseph Genzler, Officiant.
Herr Johann Georg Lehrer, Postschreiber.
Sebastian Mayr, Conducteur über den radstadter Tauern.

Ritter des wohl löblichen heiligen Ruperti Ritterordens.

Kommendeur.

(Titl.) Herr Herr Joseph Johann Nepomuck Dücker Freyherr von Haßlau, auf Urstein und Winkel, Kommendeur des löblichen heiligen Ruperti Ritterordens, und kaiserlich-königl. Oberstlieutenant, wird zum Ordenskommendeur erwählt, den 16 Novemb. 1767.

Ritter, die die wirklichen Präbenden zu geniessen haben.

(Titl. Herr)
- Leopold Graf zu Lodron, hochfürstlicher Leibguardehauptmann, 1744.
- Leopold Graf zu Lodron, Kammerer und Leibguardelieutenant, 1758.
- Andreä Gottlieb Freyherr von Prank, Kammerer, Stadtoberster und Stadtcommandant, Hofkriegsrathsdirector, dann Landmann, 1769.
- Maximilian Freyherr von Rehlingen zu Goldenstein, Ursprung und Elsenheim, steyerisch-kärntnerisch- und salzburgischer Landmann, Kammerer, und kaiserlicher königl. Hauptmann, 1773.

(Titl Herr) Ferdinand Dücker, Freyherr von Haßlau, Kammerer, Oberstwachtmeister und Landmann, 1778.

Ritter=Expectanten.

(Titl. Herr)
- Siegmund Ernst Graf von Thun und Hohenstein, kaiserl. königl. Unterlieutenant unter dem löblichen migazischen Infanterieregimente, 1766.
- Gottlieb Freyherr von Grimming, kaiserl. königlicher Oberlieutenant unter dem Löbl. königseggischen Regimente, 1769.
- Sigmund Freyherr von Prank, 1771.

Herr Franz Joseph von Mayrau, Ordensverwalter.

Ritter ad honores.

Herr Johann Nepomuck Klaudius Torquatus Christani, Freyherr von Rall, kaiserl. königl. Generalfeldwachtmeister, 1746.

Die dieses Jahr den Hof frequentierende und allhier studierende Herren Herren Cavalliere nach alphabetischer Ordnung.

(Titl. Herr Herr)
- Leopold Graf, und Herr von und zu Arco.
- Franz Xaveri Graf von Berchem.
- Joseph Graf Fugger von Kirchhaim.
- Franz Joseph Graf von Künburg, Domherr zu Ellwangen.
- Joseph Freyherr Lenz von Lenzenfeld.
- Leopold Graf von Straßoldo.
- Johann Nepomuck Graf von Würben und Freudenthall.

Die hochfürstlichen Dikasterien.

Das hochwürdige=hochfürstliche hochlöbliche Konsistorium.

Prä-

Präsident.

(Titl.) Der hochwürdige hochgebohrne Herr Herr Joseph, des heil. röm. Reichs Graf und Herr zu Stahrenberg, Domkustos, des hohen Erzstifts Domherr, den 21 Juny 1775.

Direktor.

(Titl.) Herr Franz Xaver Hochbichler, und wirklicher geheimer Rath, den 1 Jäner 1777.

Räthe.

(Titl. Herr)

Johann Wilhelm Ebner, der Gottesgelehrtheit Doktor, den 14 Jäner 1742.

Anton Medardus Krenner, Konsistorialkanzler und Notarius publicus in Curia Romana immatriculatus, den 28 Februar. 1757.

Jakob Mayrler, Regent in dem hochfürstlichen Priesterhause, den 28 Februar. 1761.

Albert Edler von Mölk, Vicekustos in der hochfürstl. Domkirche, Landmann und Kanonicus zu St. Johann in Regensburg, den 24 Februar. 1772.

Johann Michael Bönike, in geistlichen Sachen geheimer, auch Konsistorialsekretarius und Notarius, der heil. Schrift Doktor, den 8 Febr. 1773.

Ernst Sigmund Racher, Visitator Generalis, den 17 April 1777.

Philipp Gabriel Taller, beyder Rechte Doktor, den 7 August 1777.

Zacharias Lang, den 3 December 1782.

Konsistorialräthe, die aber dermalen nicht frequentiren.

(Titl.) Herr Herr Seyfried Graf von Gallenberg, resignirter Dechant zu Tittmoning, den 1 Novemb. 1771.

(Titl. Herr) Johann Andreä Christani Freyherr von Rall, der Gottesgelehrtheit und beyder Rechten Doktor, auch geheimer Rath, den 22 April 1734.

Ferdinand Joseph Mayr, Dechant zu Mühldorf, den 16 May 1753.

Johann Nepomuck Kasteliz, der Gottesgelehrtheit Doktor, apostolischer Protonotar, Pfarrer und Kommissarius zu Altenmarkt, laybachischer Diöces, den 10 December 1755.

Franz Joseph Schnediz, beyder Rechte Doktor, Probst und Erzpriester zu Friesach, Pfarrer zu Kapl, den 14 Jäner 1768.

Peter Neuhausen, Pfarrer zu Ainring, den 13 August 1768.

Franz Leopold Kaserer, Pfarrer zu Petting, den 20 July 1770.

Hochfürstliche geistliche Titularräthe.

Von den (Titl.) Herren Prälaten und Pröbsten.

(Titl.) Herr Augustin, Abt zu Seon, den 4 August 1760.

(Titl.) Herr Annianus, infulirter Probst zu Högelwerth, den 4 November 1762.

(Titl.) Herr Anton, Abt zu Michaelbayern, den 7 December 1765.

(Titl.) Herr Godefried, Prälat des Prämonstratenser Stifts zu Griffen in Kärnthen, den 14 Jäner 1780.

Hochfürstliche geistliche Titularräthe.

Von den (Titl.) Herren Cavallieren.

(Titl.) Herr Wolfgang Karl Graf von Ueberacker, 2c. Landmann, Dechant und Pfarrer zu Seekirchen, den 31 May 1768.

Herr

(Titl.) Herr P. Johann Nepomuck Lodron, Benediktiner zu Kremsmünster, den 28 Februar. 1766.
(Titl.) Herr Karl Freyherr von Tschiderer, resignirter Dechant und Pfarrer zu Lienz, den 1 Nov. 1781.

Hochfürstliche geistliche Titularräthe.

Von den (Titl.) Herren Erzpriestern in Steyermarkt nnd Kärnthen.

(Titl. Herr)

Franz Peter Leopold Krebs, Erzpriester und Hauptpfarrer zu Pöls, den 3 Jäner 1756.
Dominikus Tshernigoy, Probst auf St. Virgilienberg bey Friesach in Unter- auch Erzpriester in Oberkärnthen und Stadtpfarrer zu Gmünd, den 28 Febr. 1758.
Anton Gruber, der Gottesgelehrtheit Doktor, Stadtpfarrer und Erzpriester zu Prugg, an der Muhr, den 16 Jäner 1762.
Joseph Eichmayr, der Gottesgelehrtheit Doktor, Erzpriester und Stadtpfarrer zu Grätz, Archidiakon in dem vorauischen Distrikte, den 24 Juny 1763.
Joseph Wenzl Stöger, Erzpriester zwischen Muhr und Dra, Pfarrer zu Straßgang, den 26 März. 1767.
Anton Joseph Hietl, Erzpriester zu Teynach, und Probst zu Völckenmarkt, den 8 Hornung 1773.
Joseph Peinthor, der Gottesgelehrtheit Doktor, Erzpriester des neustädtischen Distrikts, auch Dechant und Pfarrer zu Waizberg, den 14 März 1773.

Hochfürstliche geistliche Titularräthe.

(Titl. Herr)

Joseph Jakob Gerard Jud, resignirter Dechant und Pfarrer zu Zeilern, derzeit Kanonicus zu Straubing, den 23 September 1751.
Johann Georg Feßler, der Gottesgelehrtheit Doktor, hochfürstl. eychstädtischer wirklicher geheimer Rath und Stadtpfarrer zu Veyliengrieß, den 1 May 1755.
Maximilian von Delling, der Gottesgelehrtheit Doktor, Dechant zu Altenötting, fürstlich-freysingischer wirklicher

licher geheimer Rath, und des alldortigen Stifts zu St. Andreä Kanonicus, den 15 July 1756.

P. Hermann Scholliner, Benediktiner zu Oberaltaich, der Gottesgelehrtheit Doktor, und der dogmatischen Theologie öffentlicher Lehrer auf der hohen Schule zu Ingolstadt, apostolischer Protonotar, fürstlich-freysingischer geistlicher Rath, den 1 Novemb. 1759.

Johann Vital Seninger, Dechant und Pfarrer zu Köstendorf, den 28 Februar. 1760.

Dominikus Anton Zadra, Hofkapellan, den 28 Februarii 1760.

Paul Perkonig, Pfarrer zu Känthen, den 28 Febr. 1760.

Philipp Wedenig, Dechant und Pfarrer zu Völkenmark, den 28 Februar. 1760.

Joseph Aichwalder, Probst zu Gurnitz in Kärnthen, den 6 December 1760.

Joseph Andreä Dietrich, Pfarrer zu St. Georgen, den 8 Jäner 1762.

P. Anselmus Pellhamer, des Ordens des heiligen Benedikts, Professus zu Frauenzell, den 1 May 1763.

Franz Joseph Daubrawa von Daubrawaick, Pfarrer zu Haßlach und Traunstein, den 28 Februar. 1764.

Franciscus Salesius Hofer, Dechant zu Salfelden, den 20 August 1764.

P. Romanus Digl, Benediktiner zu Seittenstetten, der Gottesgelehrtheit Doktor, den 6 Novemb. 1764.

P. Michael Lory, Benediktiner zu Tegernsee, der Gottesgelehrtheit Doktor, und derselben ordentlicher Lehrer, der Universität Prokancellarius und Vicerektor, den 4 November 1766.

Johann Altenberger, Dechant zu Piesendorf, den 5 August 1767.

P. Aemilianus Ussermann, Benediktiner zu St. Blasi, den 4 November 1767.

P. Virgilius Leopoldinger, Benediktiner von St. Peter, den 28 Februar 1768.

Franz Joseph Azinger, Dechant in Hällein, den 1 Juny 1768.

(Titl. Herr)

Franz

(Titl. Herr)

Franz Karl Schober, Archidiaconalkommissarius in Lungau und Pfarrer zu Damsweg, den 14 April 1769.

P. Anselmus Rittler, Benediktiner zu Weingarten, der Gottesgelehrtheit Doktor und derselben ordentlicher Lehrer, den 13 November 1769.

Joseph Melchior Stephan, Dechant zu Zell in Zillerthal, den 8 December 1769.

Johann Karl Hilber, Dechant zu Laufen, den 29 Jäner 1770.

Joseph Anton Gaßmayr, Pfarrer zu Bergham, den 1 May 1770.

P. Modestus Schmetterer, Benediktiner zu St. Peter, beyder Rechte Doktor, den 30 October 1770.

Benedikt Ignatz Estendorfer, Dechant und Pfarrer zu Haus und Schladming, den 15 August 1771.

Johann Wilhelm von Sterzinger und Sigmundsried zum Thurn in der Breiten, auch Liechtenwerth und Münster, tyrolischer Landmann, der heiligen Schrift Doktor und Pfarrer zu Virgen, den 15 Sept. 1771.

P. Florian D'allham, der Gottesgelehrtheit Doktor, Clericus Regularis e Scholis piis Hof-Theologus und Hof-Bibliothecarius den 1 Juny 1772.

Anton d'Augustini, Agent zu Rom den 8 Sept. 1772.

P. Damascenus Kleynmayrn, Benediktiner zu Wesenbrunn, beyder Rechte Doktor, und der geistlichen Rechte ordentlicher Lehrer, den 7 Novemb. 1773.

Johann Ude, Dechant und Pfarrer zu Mariasaal, der Gottesgelehrtheit und beyder Rechte Licentiat, apostolischer Protonotar, den 25 Novemb. 1773.

Johann Joseph Pecher, Dechant und Pfarrer zu Guttaring, den 12 Februar. 1774.

P. Simpertus Schwarzhueber, Benediktiner zu Wesenbrunn, der Gottesgelehrtheit Doktor und derselben ordentlicher Lehrer, dann der Universität Sekretarius, den 10 November 1774.

Anton Peter Regalat Edler von Sterzinger zu Salzrain, der Weltweis- und Gottesgelehrtheit Doktor und öffent-

(Titl. Herr)

öffentlich wirklicher Lehrer der Pastoral-Theologie auf der kaiserlich-königl. Universität zu Innsbrugg Studiorum Hum. Præses, Director in Tyrol der gelehrten Gesellschaften zu Roveredo und München Mitglied, apostolischer Protonotar, und ordentlicher Beysitzer bey der kaiserl. königl. Schulenkommißion, den 15 Octob. 1775.

P. Andreas Döz, Benediktiner zu St. Peter, Prior allda, den 23 Decemb. 1775.

P. Thiemo Rauscher, Benediktiner zu St. Peter, Probst zu Wieting, den 30 Septemb. 1776.

P. Benedikt Oberhauser, Benediktiner zu Lambach, beyder Rechten Doktor, den 12 Octob. 1776.

Johann Andreä Decker, Dechant zu Tittmoning, den 1 März 1778.

P. Ildephons Lidl, Benediktiner zu St. Peter, der Gottesgelehrtheit Doktor, und derselben im Sittlichen ordentlicher Lehrer, den 7 Decemb. 1778.

Georg Heeg, der Gottesgelehrtheit Doktor, Pfarrer zu Winhöring, den 8 April 1779.

Anton Oberbauer, Dechant und Pfarrer zu Buchbach, den 10 März 1780.

Franz Xaver Kammel, Dechant und Pfarrer zu Zeilern, den 15 Juny 1780.

Johann Adam Rieger, Dechant und Pfarrer zu Altenmarkt, den 28 Juny 1782.

Die hochfürstliche Hofkapelläne.

(Titl.) Herr Dominikus Anton Zadra, geistlicher Rath, und Beneficiat zu St. Leonhard, 1772.

Herr Johann Baptist Varesco, Beneficiat zu St. Nikola, Supernumerarius, 1766.

Herr Joseph Scheck, Kapelldiener.

Stadt-

Stadtkapelläne.

Herr Franz Elly, und Subregent in dem hochf. Priesterhaus.

Herr Jakob Köllinger.

Registrator des hochwürdigen Konsistoriums.

Herr Joseph Christoph Goigner, beyder Rechte Doktor, und Kapellan bey unser lieben Frau in Bergel, den 6 December 1743.

Herr Matthias Obenholzner, Mitregistrator, den 5 May 1772.

Chorvikarien.

(Titl. Herr)

Christoph Bachmayr, Chorregent.
Johann Anton Eismann, Chorregent.
Christian Maller, beyder Rechte Doktor, resignirter Ceremoniarius.
Anton Schipfl, wirklicher Ceremoniarius.
Benediktus Schmutzer, Subkustos.
Anton Einkäs.
Ignatius Seleutner.
Franciscus Cajetanus Moshee.
Laurentius Wineberger.
Donatus Stettinger.
Johann Baptist Setti.
Probus Leopoldus Pichler.
Johannes Thadäus Hofmann, Kapellpräfect, und Elemosynarius.
Johannes Georgius Firmus Schmid.
Franciscus Karolus Schulz.
Anton Franz Weyerer.
Joseph Seraphin Moser.
Franz Knozenberger.
Jakobus Eggschlager.
Ignatz Wagner.

Des

Des hochwürdigen Konsistoriums Kanzley-Verwandte.

(Herr) Balthasar Weibhauser, beyder Waisenhäuser Verwalter, den 11 März 1742.
Joseph Proßinger, den 30 October 1761.
Johann Georg Medard Wolfsmiller, U. L. Frau unterm Berg Verwalter, den 12 April 1766.
Kaspar Lorenz Strobl, den 5 May 1770, und Expeditor den 22 März 1773.
Wolfgang Azinger, Kursor, den 22 März 1772.

Der hochfürstliche hochlöbliche Hofrath.

Präsident.

Der hochwürdige hochgebohrne Herr Herr Josephus des heil. röm. Reichs Graf von Attembs, des hohen Erzstifts Domherr, den 6 July 1777.

Vicepräsident.

Vacat.

Hofkanzler.

(Titl.) Herr Franz Anton Freyherr von Kürsinger, geheimer Rath rc. den 9 Jäner 1774.

Direktor.

(Titl.) Herr Franz Thadeä von Kleienmayrn, geheimer Rath, den 9 August 1774.

Rä-

Räthe.

(Titl.) Herr Herr Georg Freyherr von Motzl, Hofkammervicepräsident, Kammerer, geheimer Rath und Generalsteuer-Einnehmer, auch Landmann, den 17 July 1751.

(Titl. Herr)

Georgius Freyherr von Paplus, den 8 Octob. 1776.
Ignatz Freyherr von Degelmann, den 26 Horn. 1780.
Friederich Maria von Zillerberg, Landmann, den 30 Septemb. 1750.
Johann Philipp Steinhauser von Treuberg, beyder Rechte Doktor, und des Juris publici ordentlicher Lehrer, den 30 Novemb. 1752.
Karl Lierzer, Hofkammerprokurator, den 5 Apr. 1754.
Wilhelm Joseph von Grand Jean, den 9 May 1754.
Johann Nepomuck von Zillerberg, geheimer Kabinets-Sekretarius und Landmann, auch Pfleger zu Neumark, den 5 April 1755.
Johann Baptist Kammerlohr von Weichingen, Landmann, den 5 April 1756.
Johann Anton von Schallhammer, beyder Rechte Doktor, und der Instituten ordentlicher Lehrer, den 5 April 1756.
Johann Baptist Karl von Koflern, beyder Rechte Doktor, und der Pandekten ordentlicher Lehrer, den 5 November 1762.
Joseph Schloßgängl von Edlenbach, den 28 Febr. 1762.
Joachim Vital Hermes von Fürstenhof, Pfleger zu Stauffenegg, den 21 December 1765.
Joseph Ernest Gilowsky von Urazowa, den 21 December 1765.
Benedikt Edler von Loes, hochfürstlicher Stadtsindicus, den 6 Juny 1769.
Joachim von Schidenhofen zu Stum und Triebenbach, Landmann, den 1 May 1771.
Martin Sauter, den 31 May 1775.

Wirk-

Wirkliche und andere Hofräthe, die aber dermalen nicht frequentiren.

(Titl. Herr)

Herr Franz Joseph Xaver Johann Nepomuck Freyherr von Enzenberg, Kammerer und wirklich geheimer Rath, auch residirender Minister am kais. königl. Hoflager und Lehenkommissarius in Oesterreich, dann Hauptmann zu Träsmauer, den 27 July 1737.

Herr Adolph Freyherr von Zehmen, Kammerer, den 5 April 1756.

Herr Leopold Auer, Freyherr Gold von Lampoding, Pfleger zu Waging, den 10 August 1760.

Herr Wolfgang Leopold Graf von Ueberacker, Pfleger zu Tittmoning, den 5 April 1761.

Herr Wolfgaug Joseph Graf von Ueberacker, und Hofkammerrath, den 28 März 1777.

Franz Xaveri von Koslern, Pfleger zu Glanegg, den 4 Octob. 1741.

Johann Joseph Ferdinand Kammerlohr von Weichingen, Landmann und Pfleger zu Mattsee, den 14 Febr. 1746.

Johann Wenzel Helmreich zu Brunfeld, Pfleger zu Mosham, den 4 Jäner 1749.

Maximilian von Schnedizeni, auch Hofkammerrath Bräuwesensinspektor, den 2 April 1750.

Johann Ernst von Markloff, hochfürstl. salzburgischer geheimer Legations-Rath und Sekretarius zu Regensburg, den 21. September 1752.

Franz Anton Molitor, beyder Rechte Licentiat, Comes Palatinus Cäsareus, hochfürstl. Eychstättischer Hofrath und Domkapitelsindicus daselbst, den 26 July 1753.

Johann Georg Netter, beyder Rechte Lizentiat, Aulæ Lateran. & Sacri Palatii Apostol. Comes, den 15 April 1756.

Johann

(Titl. Herr)

Johann Anton Daubrawa von Daubrawaick, eines hochwürdigen Domkapitels allhier Syndikus, den 19 November 1759.

Joseph Joachim von Loßbichl, Pfleger zu Golling, den 28 Febr. 1760.

Patritius Kurz von Goldenstein, Pfleger zu Werfen, den 5 Septemb. 1762.

Ferdinand Damian Haas, beyder Rechte Licentiat, des kaiserl. Kammergerichts Procurator, und hochfürstlich bestellter Agent, den 6 August 1767.

Wolfgang Adam Ignatz Lasser von Zollheim, des heil. röm. Reichs Ritter, Landmann und Pfleger in der Windischmatterey, den 25 Septemb. 1768.

Franz Bernhard von Edlingen, Administrator und Kastner zu Judenburg, den 5 Novemb. 1768.

Ferdinand von Pichl, Landmann und Pflegs-Kommissarius zu Neumarkt, den 14 März 1775.

Franz Joseph Negelin von Blumenfed, hochfürstl. bestellter Agent an dem kaiserl. Reichshofrath in Wien, den 25 July 1776.

Rupert von Kleienmayrn, Pflegs-Administrator zu Thallgey, den 14 März 1779.

Gottfried Ignatz Edler von Ployer, hochfürstl. bestellter Hofagent in Wien, den 1 Jäner 1780.

Hochfürstliche Titular-Räthe.

(Titl. Herr)

Silvester Barisani, als hochfürstl. salzburgischer Leibmedicus ꝛc. welcher seinen Rang unmittelbar nach den hochfürstl. geheimen Räthen hat, wird Rath den 30 Nov. 1749, Leib und Hofmedicus den 6 May 1766.

Franz Joseph Franciscis, fürstlich. Chiemseeischer Pfleger zu Fischhorn, den 21 Novemb. 1744.

Johann Engelbrecht Ferchl, Medicinä Doktor, Stadt- und Landschaftsphisikus zu Mühldorf, den 30 November 1748.

Matthias Karl Jaut, beyder Rechte Doktor, Hofrichter zu St. Peter, den 21 Novemb. 1753.

(Titl. Herr)

Johann Ernst von Helmreich zu Brunfeld, Medicinä Doktor, Landschaftsphisikus, den 5 April 1756.
Joseph von Helmreich zu Brunfeld, Medicinä Doktor, Stadtphisikus, den 5 April 1756.
Anton von Wirtenstädter, Stadtphisikus zu Radstadt, den 5 April 1757.
Felix Rudolph Agliardi, den 1 May 1760.
Johann Christoph Trauner, Pfleger zu Mittersill, den 28 May 1762.
Rochus Braun, Pfleger zu Salfelden, den 15 October 1762.
Georg Hieronymus Johann von Muschgay, den 5 April 1763.
Franz Joseph von Grembs, Kästner zu Mattsee, den 28 Februar. 1763.
Tobias Rudolph Moser, fürstlich. Chiemseeischer Hofrichter, den 28 Febr. 1766.
Franz Xaveri Jud, Administrator der Herrschaft Landsberg, den 12 May 1767.
Joseph Franz Götzinger, Pflegskommissarius zu Lengberg, den 27 Febr. 1769.
Johann Christoph von Rothmayr, Pfleger zu Taxenbach, den 6 October 1769.
Johann Baptist Berchtold von Sonnenburg, Pfleger zu Hüttenstein, den 16 Novemb. 1769.
Johann Baptist Sigmund Berti von Mührenfeld, den 1 May 1770.
Anton Bridi, beyder Rechte Doktor, den 30 November 1770.
Johann Qualbert Magauer, Pfleger zu Zell in Pinzgau, den 21 Decemb. 1770.
Matthias Joseph Kaiser, Pfleger zu Lofer, den 21 December 1770.
Joseph von Rosenbichel, Gült- und Zehendinspektor zu Marburg, den 17 August 1771.
Gottlieb Edler von Weirother, des heil. röm. Reichs Ritter, Oberbereiter, den 12 Septemb. 1773.

An-

(Titl. Herr)
Anton Puchmann, Leibmedicus secundarius, den 14 Novemb. 1773.
Lorenz Joseph Polis, den 13 July 1774.
Christoph Sigmund von Pichl, Landmann und Pfleger zu Deisendorf, den 6 März 1775.
P. Dominikus Beck, Benediktiner zu Ochsenhausen, der Mathesis öffentlicher Lehrer allhier, dann der gelehrten Versammlung zu Bononien, München, und Roveredo ordentliches Mitglied, den 27 Nov. 1778.
Johann Michael Leitner, Agent zu Wien, den 4 December 1779.

Sekretarien des hochfürstl. hochlöblichen Hofraths.

Herr
Joseph Eyweck, geheimer Kanzleyregistrater, den 1 November 1760.
Nikolaus Strasser, Hofrathsregistrator, den 28 Februarii 1761.
Judas Thadäus Sigmund Wieser, den 23 März 1763.
Johann Hofer, den 2 Februar. 1770.

Titular Hofrathssekretarien.

Herr Franz de Paula Köllenberger, Stadtrichter und Umgelder im Hällein, den 21 Decemb. 1770.
Herr Joseph Anton Mitterberger, den 16 August 1771.
Herr Adam Hubert Bauer, fürstl. eychstädtischer Legations-Sekretarius zu Regensburg, den 7 Februar. 1782.

Die hochfürstlichen Konsistorial- und Hofrathsadvokaten.

Herr
Joachim Anton Steger, beyder Rechte Doktor, Notar. publ. Apostol. & Cæsar. immatricul.
Joseph Greißing, beyder Rechte Doktor.
Johann Hutter, beyder Rechte Doktor, und öffentlicher kaiserl. Notarius.
Judas Thadäus Zauner, beyder Rechte Licenciat, und öffentlicher kaiserl. Notarius.

Des hochfürstlichen = hochlöblichen Hofraths Kanzleyverwandte

Herr
- Nikolaus Strasser, Sekretarius, Registrator und Taxator, den 2 April 1762.
- Alexander Härl, Registratursverwandter.
- Joseph Gottlieb Schörkhofer, Expeditor, den 21 Juny 1760.
- Jakob Hofer, den 1 Septemb. 1742.
- Lorenz Aigner, den 12 Novemb. 1759.
- Johann Michael Ludwig, den 2 August 1762.
- Franz Xaveri Wenzl, den 9 Novemb. 1766.
- Kajetan Nikolaus Hackmann, den 1 März 1770.
- Joseph Graßmann, den 11 May 1775.
- Johann Baptist Vetter, Hofrathsdiener.

Hochfürstliche Ritterlehenprobstey.

(Titl.) Herr Franz Anton Freyherr von Kürsinger, Hofkanzler, und geheimer Rath, den 9 Jäner 1774.
Herr Nikolaus Strasser, Lehensekretarius.
Herr Jakob Hofer, Lehenschreiber.

Hochfürstlich = salzburgische Lehenkommissarien in Wien, Steyer und Kärnthen.

In Wien.

(Titl.) Herr Herr Franz Freyherr von Enzenberg, Kammerer, und wirklich geheimer Rath, auch residirender Minister am kaiserl. königl. Hoflager, dann Hauptmann zu Träsmauer, den 12 August 1776.

zu Gräz in Steyermark.

(Titl.) Herr Herr Johann Anton Graf von und zu Herberstein Sr. kaiserl. königl. apostol. Majestät Kammerer, und des landesfürstl. Landrechts in Steyermarkt Rath.
Herr Anton Schretter, Lehensekretarius.

Zu

Zu Klagenfurt in Kärnthen.

(Titl.) Herr Herr Philipp Jakob Freyherr von Silberberg, kaiserl. königl. Landrath in Kärnthen.

Herr Joseph Baumgarten, beyder Rechte Doktor, Lehensekretarius, auch hochfürstl. Gewalttrager.

Die hochfürstlich-hochlöbliche Hofkammer.

Präsident.

Der hochwürdige hochgebohrne Herr Herr Karl Hanibal des Heil. Röm. Reichs Graf von Dietrichstein ꝛc. des hohen Erzstifts Domherr, den 1 July 1755.

Vicepräsident.

(Titl.) Herr Herr Georg Anton Freyherr v. Motzl, Kammerer und wirklicher geheimer Rath, den 21 Decemb. 1770.

Direktor.

Herr Rochus Sebastian von Luidl, wirklicher geheimer Rath, R. Ritter und Landmann in sämmtlichen J. Oest. Landen, den 1 Jäner 1776.

Räthe.

(Titl. Herr)

Herr Johann Nepomuck Freyherr von Rehlingen, Kammerer und Oberstsilberkammerer, auch Landmann, den 17 July 1769.

Herr Leopold Graf von Platz, Kammerer, den 11 Juny 1771.

Herr Wolfgang Joseph Graf von Ueberacker, Kammerer und Hofrath, den 3 April 1777.

Herr Karl Graf und Herr von und zu Arco, Kammerer, Oberstküchenmeister, und Pfleger zu Neuhaus, den 16 Jäner 1779.

Herr Karl Freyherr von Gemingen, kais. königl. Kammerer und Viceoberjägermeister, den 13 July 1781.

(Titl. Herr)

Herr Joseph Freyherr von Rehlingen zu Goldenstein auf Ursprung, und Elsenheim, Viceoberststallmeister, den 26 Septemb. 1781.

Herr Franz Anton Edler von Aman, geheimer und Bergwerksdeputationsrath, den 1 Jäner 1762.

Johann Qualbert Daubrawa von Daubrawaick, Pfenningmeister, den 1 September 1738.

Johann Sebald Ernst Lieb von Liebheim, den 15 Novemb. 1740.

Thadeä Anselm Lierzer von Zehenthal, Landmann und Berghauptmann, dann dirigirender Bergwerks-kommissarius, den 4 October 1744.

Johann Elias Edler von Geyer, Oberstweg- Maut- und Baukommissarius, den 5 April 1746.

Maximilian von Schnedizeni, Bräuwesensinspektor, auch Hofrath, den 2 April 1750.

Karl Lierzer, Hofkammerprokurator, den 5 Apr. 1754.

Franz Joseph Edler von Aman, den 28 Febr. 1768.

Joseph Anton Michel, Oberstwaldkommissarius, den 21 Novemb. 1768.

Joseph Sigmund Grimming von Niederrain, steyermarktisch- kärntnerisch- und salzburgischer Landmann, den 11 August 1769.

Ernst von Weingarten, den 1 Novemb. 1769.

Virgil Christoph Daubrawa von Daubrawaick, Münzmeister, den 14 Jäner 1781.

Joseph Anton Vogele, den 1 Jäner 1781.

Hochfürstl. Hofkammerräthe, die aber dermalen in dem Rathe nicht erscheinen.

(Titl. Herr)

Herr Franz Anton Graf von Platz, Pfleger zu Radstadt, den 24 Septemb. 1737.

Herr Wolfgang Franz Anton Graf von Ueberacker, Freyherr von Sieghartstein und Pfongau, Pfleger zu Mühldorf, den 28 Septemb. 1738.

Herr

(Titl. Herr)

Herr Franz Joseph Felix von Schafmann, Freyherr von Hammerles und Kanårowitz, Pfleger in der Abtenau, den 24 Septemb. 1741.
Herr Friderich de Negri, Kammerer, Landmann und Pfleger in Hållein, den 5 Februar. 1752.
Herr Anton Clemens Graf Alberti von Poya, allhiesiger und tyrolischer Landmann, den 8 May 1765.
Johann Jakob Kajetan von Waltenhofen, Pfleger zu St. Johann in Pongey, den 1 May 1761.
Johann Michael Klein, Deputations-Referendarius, dann Pfleger zu Haus und Gröbming, den 28 Februar. 1762.
Felix Grimming von Niederrain, steyermarktisch-kärntnerisch-und hiesiger Landmann, Churpfälzischer wirklicher Hofkammerrath, dann Pfleg-und Kastenamtskommissarius zu Wasserburg, den 24 Febr. 1772.
Basilius Edler von Aman, Generaleinnehmeramts-Adjunct, den 27 Novemb. 1772.

Die hochfürstlichen Hofkammersekretarien.

Herr

Johann Joseph Moßhamer, den 21 Jåner 1754.
Joseph Matthias Waßner, den 5 April 1759.
Wenzel Enzinger, den 5 Septemb. 1764.
Johann Marzellian Hager, Oberjågermeisterey-Verwalter, den 21 Decemb. 1765.
Johann Christian Lanau, den 21 Decemb. 1766.
Virgil Joseph Dietrich, wirklicher Raitmeister, den 1 Septemb. 1769.

Titular Hofkammersekretarien.

Herr

Maximilian Franz Dietrich, resignirter Raitmeister, den 25 Septemb. 1753.
Nikolaus Kienberger, den 13 Juny 1757.
Johann Jakob Kendler, Priesterhaus-Oberverwalter, den 25 Jåner 1762.

Herr
- Franz de Paula Neuntlinger, Hofkammerregistrator, den 21 Jäner 1767.
- Franz Ignatz Hueber, Hofmeistereyverwalter, den 22 Septemb. 1771.
- Andreä Christoph Schretter, Oberwaldmeister in Lungau, den 24 April 1772.

Hofkammer=Registratur.

Herr Franz de Paula Neuntlinger, Registrator.
Herr Johann Baptist Ofner, Registraturverwandter.

Hofkammerkanzellisten.

Herr
- Joseph Georg Matreuter, Expeditor, den 6 November 1761.
- Anton Enhuber, den 4 Decemb. 1753.
- Johann Joseph Weighard, den 8 Febr. 1760.
- Friderich Pregel, den 6 Decemb. 1765.
- Christoph Jakob Richter, Kursor, den 10 März 1771.
- Karl Schneeweiß, den 26 October 1777.
- Ludwig Einkäs, Titularkanzellist, den 13 Juny 1771.

Das hochfürstliche salzburgische Erbausfergen oder Salzausführungsamt haben folgende 4 Geschlechter zu männlichen Lehen, benanntlich:

Vom Jahr 1278. die Herren Gutrather von alten Gutrath, und Buchstein.

Vom Jahre 1655. die Herren Kammerlohr von Weichingen.

Vom Jahre 1694. die Titl. Herren Dücker, Freyherren von Haßlau, auf Urstein und Winkel.

Vom Jahre 1713. die Titl. Herren Auer zu Winkel, Freyherren zu Gold von Lampoding.

Oberst=

Oberstfischmeisterey.

Oberstfischmeister.

(Titl.) Herr Herr Karl Graf und Herr von und zu Arco, Kammerer, Oberstküchenmeister, Hofkammerrath und Pfleger zu Neuhaus, den 16 Jäner 1779.

Oberstwaldmeisterey Kommissariat.

Herr
- Joseph Anton Michl Oberstwaldkommissarius und Hofkammerrath.
- Joseph Mathias Waßner, Oberstwaldmeistereykassa-Verwalter und Hofkammersekretarius.
- Gottfried Harlender, Koncipist.
- Richard Michl, Kanzellist.

Oberwaldmeister.

Herr
- Zyriack von Waltenhofen, Oberwaldmeister in Pinzgau und Truchseß.
- Andreä Christoph Schretter, Oberwaldmeister in Lungau und Titularsekretarius.
- Christoph Michl, Oberwaldmeister zu Werfen.
- Philipp Albrecht Keppler, Oberwaldmeister flachen Landes.
- Sebastian Schaidl, Oberwaldmeister flachen Lands.

Hochfürstliches General Einnehmeramt.

Generaleinnehmer.

Herr Franz Anton Edler von Aman, geheimer auch Hofkammer- und Bergwerksdeputationsrath, den 22 December 1758.

Generaleinnehmeramts-Adjunct.

Herr Basilius Edler von Aman, und Hofkammerrath, den 15 July 1771.

Hoch-

Hochfürstliches Hofzahlamt.

Hofzahlmeister.

Herr Franz Vincenz Lankmayr, den 17 Novemb. 1771.

Kriegszahlmeister.

Herr Johann Thurner, und Kriegsrath, den 21 Jäner 1765.

Kanzleyverwandte allda.

Herr
- Joseph Knoblach.
- Felix Anton Luz.
- Franz Paul Altmann.
- Franz Erder, Kursor.

Hochfürstliche Hofmeistereyverwaltung.

Herr Franz Ignatz Hueber, Verwalter.

Herr Joseph Sigmund Vogel, Urbar- und Lehenschreiber.

Hofkammer-Raitmeisterey.

Wirklicher Raitmeister.

Herr Virgil Joseph Dietrich, den 1 Septemb. 1769.

Mitraitmeister.

Herr Joseph Anton Hueber, den 26 July 1769.

Raitmeisterey Verwandte.

Herr Franz Paul Pirker, Superrevisor.

Herr Joseph Hofer.

Herr Franz Joseph Stein.

Herr { Joseph Karl Pichler.
Felix von Waltenhofen.
Johann Michael Zintl.
Anton Vincenz Hartmayr.
Johann Nepomuck Weiß.
Franz Jakob Zauner.

Die Hochfürstliche Haupt-Maut

Herr { Johann Elias Edler von Geyer, Oberstweg-Bau- und Mautkommissarius und Hofkammerrath.
Vital Rochus Riernsank, Mauteinnehmer.
Ignatzi Schmutzer, Amtschreiber.
Karl Joseph Arbesser, Mautschreiber.
Franz Kaspar Kitl, Mauteinnehmer in der Wegmaut Knigl.

Hochfürstliches Guardarobba-Amt.

Inspector.

Herr Rochus Alterdinger, und Titular Antekamera-Kammerdiener, den 10 Jäner 1781.

Herr Johann Heinrich Türke, Guardarobbagegenschreiber.

Herr { Franz Reischl, jubilierter Zimmerwarter.
Niklas Peret, Zimmerwarter bey Hof.
Anton Scholl, Zimmerwarter im Mirabell.
Joseph Frey, Zimmerwarter in Laufen.
Johann Georg Zech, Leibschneider.
Wenzl Stark, Guardarobbadiener.
Franz Türke, Guardarobbadiener.
Joseph Schlein, Winkelschneider.
Anton Hizl, Zimmerputzer

Hochfürstliches Hof-Umgeldamt.

Hofumgelds-Commissarius

Herr Maximilian v. Schnedizeni, wirklicher Hofkammerrath und Bräuwesensinspector, auch Pfleger zu Straßwalchen.

Herr

Herr Gottlieb Pontraz Göschl, Hofumgeldsgegenschreiber, den 24 Jäner 1764.
Herr Johann Rupert Fontaine, Umgeldschreiber und Weinvisierer, den 15 Febr. 1776.
Herr Joseph Aman, Umgeldschreiber, den 15 Febr. 1776.

Hochfürstliches Hofkasten=Amt.

Herr Anton Ferdinand Lux, Hofkastner.
Herr Franz Pantaleon Brandstädter, Gegenschreiber.
Herr Romedi Riser, Kasten= und Mayrschaftsschreiber.

Hochfürstliches Hofkeller=Amt.

Kellermeister.

Herr Jakob Schmid und Sommelier, den 24 März 1770.
Herr Mathias Drexler und Kontrolor, den 12 August 1780.

Hofkellner.

Herr Johann Georg Schmid, den 22 März 1770.
Herr Franz Lechenauer, den 23 März 1770.

Hochfürstliches Hofbau=Amt.

Oberstbaukommissarius.

Herr Johann Elias Edler von Geyer, Hofkammer= und Kriegsrath, den 1 Juny 1756.

Ingenieurshauptmann, dann Kammeral= und landschaftlicher Architect.

Herr Ludwig Grenier, den 1 Febr. 1775.

Bauverwalter.

Herr Wolfgang Hagenauer, und Kammerdiener.
Herr Johann Franz Oderpolz, Bauamtsgegenschreiber, den 1 December 1753.
Herr Joseph Donat Widmann, Kanzellist.

Salz-

Salzschreiber.

Herr Gregori Lankmayr, den 8 July 1778.

Hochfürstliche Hofgärtnerey.

Garteninspector.

Herr
- Stephan Haaß, und Hofgärtner zu Mirabell, auch Antekammera Kammerdiener.
- Andreas Kern, zu Hellbrunn.
- Franz Schindler, zu Kleßheim.
- Matthias Nowotny, in der Residenz und Schloßberg.

Verzeichniß.

Aller und jeder in dem hohen Erzstift Salzburg sich befindenden hochfürstlichen Pfleg- und Landgerichtern, auch Herrschaften, dann der daselbst gnädigst angestellten hochfürstlicher Beamten, die unter der hochfürstl. Hofkammer stehen.

Abbtenau.

Inner des Gebirgs.

Pfleger.

(Titl.) Herr Herr Franz Felix von Schasmann, Freyherr von Hammerles und Kanárewitz, und Hofkammerrath, den 15 May 1776.

Pflegskommissarius und Umgelder.

Vacat.

Alt-

Alt- und Lichtenthan, oder Neumarkt.

Ausser des Gebirgs.

Pfleger.

(Titl.) Herr Johann Nepomuck von Zillerberg, geheimer Archivarius und Sekretarius, auch Hofrath und Landmann, den 30 September 1774.

Pflegskommissarius.

Herr Ferdinand von Pichl, Hofrath und Landmann, den 3 July 1779.

Bischofhofen.

Inner des Gebirgs.

Gerichtsverwalter und Umgelder.

Herr Patritius Kurz von Goldenstein, wirklicher Hofrath, und Pfleger zu Werfen.

Caprun oder Zell in Pinzgey.

Inner des Gebirgs.

Pfleger.

Herr Johann Qualbert Magauer, und Rath, den 12 December 1770.

Gerichtsschreiber und Umgelder.

Herr Joseph Alexander Schattauer, den 17 Jäner 1776.

Deisendorf.

Ausser des Gebirgs.

Pfleger und Umgelder.

Herr Christoph Siegmund von Pichl, Rath und Landmann, den 14 März 1775.

Bräuverwalter.

Herr Sebastian Edler von Aman.

Fü-

Fügen.

Pfleger.

Herr Godfried Edler von Moll, und wirklicher geheimer Rath, den 14 August 1768.

Amtsschreiber.

Herr Franz Anton Pichler, den 14 August 1768.

Gastein.

Inner des Gebirgs.

Landrichter und Umgelder.

Herr Joseph Karl Schwarzacher, den 25 August 1773.

Glanegg, oder Hellbrun.

Pfleger und Umgelder.

Herr Franz Xaver von Koflern, und Hofrath, den 25 September 1766.

Goldegg.

Inner des Gebirgs.

Pflegskommissarius und Landrichter zu St. Veit, auch Umgelder

Herr Johann Georg Schifer, den 28 September 1779.
Herr Joseph Faileis, Mautner in der Lend.

Golling,

Ausser des Gebirgs.

Pfleger und Umgelder.

Herr Joseph von Lospichl, und wirklicher Hofrath, den 10 August 1768.

Großarl.

Inner des Gebirgs.

Landrichter.

Herr Johann Virgil Reuter, den 14 November 1779.

Hällein

Ausser des Gebirgs.

Pfleger.

(Titl.) Herr Herr Friderich de Negri, Kammerer und Hofkammerrath, dann Landmann.

Stadtrichter und Umgelder.

Herr Franz de Paula Köllenberger, Titularhofrathssekretarius.

Kaßier und Hofschreiber.

Herr Franz Kajetan Hitzl.

Salzverweser.

Herr Joseph Heine.

Mautner.

Herr Georg Schmutzer.

Salzbergverweser.

Herr Johann Lindner.

Baumeister.

Herr Franz Jakob Mayer.

Registrator=Pfleger, und Schiffschreiber.

Herr Joseph Anton Hochbrugger.

Oberstpfannhausmeister.

Herr Johann Matthäus Schreiber.

Grießmeister.

Herr Joseph Ignatz Lechner.

Salzverweßgegenschreiber.

Herr Anton Göppinger.

Bauamtsgegenschreiber.

Herr Franz Lorenz Hem.

Pfannhausgegenschreiber.

Herr Joseph Sigmund Kolberer.

Griesßgegenschreiber.

Herr Paul Feileis.

Oberhofholzeinnehmer.

Herr { Georg Käml.
Georg Geißler.

Unterpfannmeister.

Herr Markus Schmalzl.

Henndorf.

Ausser des Gebirgs.

Bräuverwalter.

Herr Simon Rupert Polz, den 23 Juny 1738.

Hüttenstein oder St. Gilgen.

Ausser des Gebirgs.

Pfleger und Umgelder.

Herr Johann Baptist Berchtold von Sonnenburg, und Rath, den 16 Novemb. 1769.

St. Johann in Pongey.

Inner des Gebirgs.

Pfleger und Umgelder.

Herr Johann Jakob Kajetan von Waltenhofen, und wirklicher Hofkammerrath, den 10 August 1768.

Kaltenhausen.

Ausser des Gebirgs.

Bräuverweser.

Herr Rupert Gumpinger.
Herr Franz Füchslmüllner, Bräuamtsschreiber.

Kropfsperg, oder Zell im Zillerthall.

Pfleger.

Herr Gottfried Ludwig von Moll, und wirklicher geheimer Rath, den 21 December 1764.

Gerichtsschreiber und Umgelder.

Herr Franz Schrott, den 26 Juny 1770.

Laufen.

Ausser des Gebirgs.

Pfleger und oberster Schifrichter.

Vacat.

Stadt- und Landrichter.

Herr Joseph Strobl, und Truchses, den 21 Dec. 1770.

Umgeher und Umgelder.

Herr Julius Zetto, den 9 Novemb. 1781.

Lengberg.

Pflegskommissarius.

Herr Jos. Franz Götzinger, und Rath, den 5 Octob. 1763.

Lichtenberg, oder Salfelden.

Inner des Gebirgs.

Pfleger, und Umgelder.

Herr Rochus Braun, und Rath, den 10 August 1768.

Amtsschreiber.

Herr Johann Joseph Hänslmann..

Lofer.

Ausser des Gebirgs.

Pfleger und Umgelder, dann Maut- und Hofbräuamtsinspector.

Herr Matthias Joseph Kaiser, und Rath, den 21. December 1770.

Maut- und Bräuverwalter.

Herr Franz Treiber, den 19 Decemb. 1768.

Mattsee.

Ausser des Gebirgs.

Pfleger

Herr Johann Joseph Ferdinand Kammerlohr v. Weichingen, Landmann und wirklicher Hofrath, den 10 Sept. 1752.

Kastner und Umgelder.

Herr Franz Joseph von Grembs, und Rath, den 23 December 1757.

Mühldorf.

Pfleger und Umgelder.

(Titl.) Herr Herr Wolfgang Franz Anton Graf von Ueberacker, Freyherr von Sieghartstein und Pfongau, und Kammerer, den 10 Juny 1752.

Gerichtsschreiber.

Herr Joseph Gabriel Weiß, den 29 May 1779.

Mittersill.

Inner des Gebirgs.

Pfleger.

Herr Johann Christoph Trauner, und Rath, den 28 May 1762.

Landrichter und Umgelder.

Herr Aegidi Martin Kienberger, den 13 April 1774.

Moßham.

Inner des Gebirgs.

Pfleger.

Herr Johann Wenzel von Helmreich zu Brunfeld, und wirklicher Hofrath, den 21 December 1770.

Landrichter und Umgelder.

Herr Ignatz Klinger, den 1 Juny 1778.

Neuhaus.

Ausser des Gebirgs.

Pfleger.

(Titl.) Herr Herr Karl Graf und Herr von und zu Arco, Kammerer, Oberstküchenmeister, und Hofkammerrath, den 16 Jäner 1779.

Landrichter und Umgelder.

Herr Johann Adam Lang, den 8 April 1768.

Radstadt.

Inner des Gebirgs.

Pfleger und Kastner.

(Titl.) Herr Herr Franz Anton Graf von Platz, Kammerer, den 27 July 1745.

Stadt- und Landrichter.

Herr Joseph Koch, den 1 Juny 1778.

Umgelder, Mautner und Kastengegenschreiber.

Vacat.

Rauriß.

Inner des Gebirgs.

Landrichter und Umgelder.

Herr Johann Andreä Laſſer von Zollheim, Landmann, den 31 August 1778.

Salzburg.

Stadtsyndikus.

Herr Benedikt Edler von Loes, wirklicher Hofrath, den 6 Juny 1769.

Gericht- und Stadtschreiber.

Herr Wolfgang Ebner, den 18 July 1782.

Ober-

Oberschreiber.

Herr Vital Reitlechner.
Herr Joseph von Gutrath, Landmann.

Staufenegg, Plain und Glan.

Pfleger und Bergrichter.

Herr Joachim Vital Hermes von Fürstenhof, wirklicher Hofrath, den 14 März 1779.

Gerichtsschreiber und Umgelder.

Herr Johann Widmer, den 30 April 1761.

Straßwalchen.

Ausser des Gebirgs.

Pfleger.

Herr Maximilian von Schnedizeni, und wirklicher Hof- und Kammerrath, auch Bräuwesensinspector.

Taxenbach.

Inner des Gebirgs.

Pfleger.

Herr Johann Christoph von Rottmayr, und Rath, den 15 Juny 1773.

Gerichtsschreiber und Umgelder.

Herr Johann Anton Grill, den 28 Novemb. 1779.

Tättlham und Waging.

Pfleger.

(Titl.) Herr Herr Leopold Auer zu Winkel, Freyherr zu Gold u. Lampoding, Kamerer und Hofrath, den 25 Sept. 1763.

Tittmoning.

Ausser des Gebirgs.

Pfleger.

(Titl.) Herr Herr Wolfgang Leopold Graf von Ueberacker, Kammerer und Hofrath, den 21 Juny 1766.

Gerichtsschreiber, Mautner und Umgelder.

Herr Joseph Käserer, den 29 Septemb. 1775.

Mautgegenschreiber.

Herr Erasmus Viebl, den 1 July 1773.

Wagrain.

Inner des Gebirgs.

Landrichter und Umgelder

Herr Franz Jakob Gold, den 31 August 1778.

Wartenfels, oder Thallgey.

Ausser des Gebirgs

Pfleger und Umgelder.

Herr Rupert von Kleienmayrn, und wirklicher Hofrath, den 19 Jäner 1781.

Werfen.

Inner des Gebirgs.

Pfleger.

Herr Patritius Kurz von Goldenstein, und wirklicher Hofrath, den 25 Septemb. 1764.

Mautner und Umgelder.

Herr Franz Xaveri Stöckl, den 8 October 1766.

Gegenschreiber.

Herr Franz Anton Nagel.

Ytter, oder Hopfgarten.

Pfleger

Herr Johann Georg Trauner, den 26 May 1741.

Gerichtsschreiber.

Herr Franz Sebald Lieb von Liebheim, den 13 April 1773.

Herr:

Herrschaften und Beamte ausser Landes, in Oesterreich Steyermarkt und Kärnthen.

Welche unter einer besondern Deputation stehen als:

(Titl.) Herr Herr Nikolaus Sebastian Graf von Lodron, geheimer Rath.

(Titl.) Herr Herr Johann Gundacker Graf von Herberstein, geheimer Rath.

(Titl) Herr Franz Anton Freyherr von Kürsinger, geheimer Rath und Hofkanzler.

Herr Rochus Sebastian von Luidl, geheimer Rath und Hofkammerdirektor.

Deputationsreferendarius.

Herr Johann Michael Klein, Hofkammerrath und Pfleger zu Haus und Gröning.

Kanzellist.

Herr Franz Sigmund Bauernfeind.

Vicedom in Kärnthen.

(Titl.) Seine fürstl. Gnaden Herr Bischof zu Lavant.

Vicedomamtsverweser in Friesach.

Vacat.

Kaßier, Kastner und Mautner.

Herr Johann Georg Hauser, den 6 July 1775.

Registrator.

Herr Jakob Kirchschmid, den 5 Novemb. 1765.

Kanzellist.

Herr Gottlieb von Rosenstein, den 5 Septemb. 1767.

Altenhofen in Kärnthen.

Pfleger.

Vacat.

Amtsschreiber.

Herr Thomas Hämpel, den 21 März 1776.

St. Andrä, Stein und Lichtenberg im Lavantthal in Kärnthen.

Pfleger.

Herr Franz Erdmann Kohler, den 23 July 1765.

Arnstorf in Oesterreich.

Pflegskommissarius.

Herr Johann Bernhard Hermanseder, den 13 May 1756

Haus und Gröbming.

Pfleger.

Herr Johann Michael Klein, und Hofkämmerrath, dann Deputationsreferendarius, den 23 July 1765.

Pflegsverwalter.

Herr Philipp von Edlingen, den 6 July 1775.

Hüttenberg.

Pflegsverwalter und Bergrichter.

Herr Christoph Heinrich von Reichenwald.

Judenburg, Fonstorf und Bayrdorf.

Administrator und Kastner.

Herr Franz Bernhard von Edlingen, und Hofrath, den 1 October 1767.

Amts- und Kastenschreiber.

Herr Johann Matthias Eyweck.

Land-

Landsperg.

Administrator.

Herr Franz Xaver Jud, und Rath, den 9 Jäner 1767.

Amtsschreiber.

Herr Johann Prenner von Prennersperg.

Suasal in Steyer.

Bergrichter.

Herr Johann Heinrich Jud.

Sachsenburg in Kärnthen.

Pflegsverwalter.

Herr Peter Paul Hartnoth, den 5 July 1776.

Stall in Kärnthen.

Pflegsverwalter.

Herr Johann Joseph Ganster, den 6 July 1775.

Täggenbrunn und Mariasaal in Kärnthen.

Pfleger.

Herr Rochus Veit Aichwalder.

Träßmauer und Oberwölbling. in Oesterreich.

Hauptmann

(Titl.) Herr Herr Franz Joseph Xaver Johann Nepomuck Freyherr von Enzenberg, Kammerer und geheimer, auch Hofrath, residirender Minister am kais. königl. Hoflager dann Lehenkommissarius in Oesterreich, den 4 Jäner 1739.

Hochfürstl. Deputation in Bergwerks- auch Münzwesen.

Direktor.

(Titl.) Herr Herr Georg Anton Freyherr von Motzl, Hofkammer-Vicepräsident, Kammerer, geheimer Rath und Generalsteuereinnehmer von der Ritterschaft.

Räthe.

(Titl.) Herr Herr Johann Nepomuck Freyherr von Rehlingen, Kammerer, Oberstsilberkammerer, Hofkammerrath und Landmann.

(Titl. Herr)
- Johann Gualbert Daubrawa von Daubrawaick, Hofkammerrath und Pfenningmeister.
- Thadeä Anselm Lierzer von Zehenthal, auch Hofkammerrath und Landmann.
- Johann Nepomuck Maria von Zillerberg, Hofrath, geheimer Kabinetssekretarius und Landmann.
- Joseph Anton Michel, Hofkammerrath, und Oberstwaldkommissarius.

Beysitzer.

Herr Georg Wolfgang Karl Sarve, Haupthandlungs Verordneter und Kaßier.

Herr Peter Reisigl, Bergwerksrechnungsoberrevisor.

Wirkliche Bergwerksräthe, die aber nicht frequentiren.

(Titl. Herr) Friderich de Negri, Kammerer, und Hofkammerrath, dann Pfleger im Hällein.

(Titl. Herr) Franz Anton Edler von Aman, geheimer und Hofkammerrath, auch Generaleinnehmer, den 28 Februar. 1769.

Hochfürstliche Aemter, welche unter der hochfürstl. hochlöbl. Bergwerks- und Münzwesensdeputation stehen.

Hochfürstliche Berghauptmannschaft und Bergwerkskommissariat allda.

Herr Thadeä Anselm Lierzer von Zehenthal, hochfürstl. wirklicher Hofkammer und Bergwerksdeputationsrath, Berghauptmann über die hochfürstl. gesammten Erzgebirge, auch Haupthandlungs- und Meßinghüttwerkskommissarius, dann Landmann.

Die

Die hochfürstliche Bergwerksdeputations-Kanzley.

(Herr)
Johann Christian Lanau, wirklicher Hofkammer- und Bergwerksdeputationssecretarius, den 29 April 1758.
Anton Sebastian Hofbauer, Deputationsregistrator, den 24 May 1764.
Peter Reisigl, Bergwerksrechnungs-Oberrevisor, den 20 Februar. 1779.
Wilhelm Fritz, Rechnungsmitrevisor, den 29 Apr. 1758.
Joseph Schaub, Rechnungsmitrevisor, und Buchhalter über die hochfürstlichen Meßinghüttwerke.
Franz Bruno Rottemann, den 14 April 1774.
Anton Strasser, Buchhalter über gesammte Kupferbergwerkshändel, den 31 August 1776.
Kajetan Benedikt Zichan, Buchhalter über die gesammten Gold- und Silberbergwerker, den 18 Sept. 1779.
Franz Anton Keller, controllirender Haupthaudlungs-Buchhalter, den 18 März 1782.
Peter Wenk, Buchhalter über die Eisenwerkere, den 22 December 1781.

Kanzellisten.

Herr
Joh. Bap. Ruggenthaler, Expeditor, den 24 Jun. 1768.
Florian Ebner, Kursor, den 7 Jäner 1767.
Franz Fischwenger.
Englhard Hellweger, den 22 May 1779.

Gastein.

Bergrichter

Herr Joseph Karl Schwarzacher, Landrichter nnd Umgelder, den 25 August 1773.

Gold- Silber- auch Bleyberg- Poch- und Waschwerksverweser.

Herr Martin Härl, den 31 May 1777.

Speiß Zeug- und Holzhandelsverwalter.

Herr Anton Kämel, den 27 April 1776.

Haupt- und Bergbuchhalter.

Herr Franz Kendlbacher, den 26 August 1768.

Bergeinfahrer und Markscheider.

Herr Andreä Zwicknagel, den 10 März 1749.

Lend.

Bergrichter.

Herr Johann Christoph von Rothmayr, Pfleger zu Taxenbach, und Rath, den 15 Juny 1773.

Berg- und Hüttwerksoberverweser, Speis- und Zeughandelsverwalter, dann Probierer.

Herr Kajetan Thadeä Lierzer von Zehenthal, Landmann, den 28 Septemb. 1768.

Bergmeister und Obermarkscheider bey allen hochfürstl. Bergwerksgelegern.

Herr Johann Peter Seer, den 1 August 1762.

Unterverweser.

Herr Anton Mahler, den 11 April 1778.

Unterbergmeister.

Herr Franz Steinlechner, den 1 December 1781.

Buchhalter.

Herr Kastulus Kendlbacher, den 1 August 1761.

Hüttenmeister.

Vacat.

Ramingstein.

Bergrichter

Herr Johann Wenzel von Helmreich zu Brunfeld, wirklicher Hofrath, und Pfleger zu Moßham, den 21 Dec. 1770.

Gold-

Gold = Silber = Bley = Kobold = und Eisenberg= Poch = Wasch = Schmelz = wie auch Blä= und Hammerwerks interims Amtierer.

Herr Aloys Vincenz Mehofer, den 8 April 1780.

Hauptbuchhalter.

Vacat.

Speiß = und Zeughandelsverwalter, auch Gegenschreiber.

Herr Leopold Maffey, den 12 December 1768.

Eisen = Blä = und Hammerwerkverwalter zu St. Andreä Kendlbruck und in Bundschuh.

Herr Niklas Hofbauer, den 31 May 1777.

Herr Johann Fakund Frühwirt, controlirender Gegenschreiber, 1782.

Gold = und Silberberg = Poch = Waschwerks dann Speiß = und Zeughandelsverwalter, auch Probirer im Muhrwinkel.

Herr Johann Klanner, den 22 May 1779.

Rauriß.

Bergrichter.

Herr Johann Andreä Lasser von Zollheim, Landrichter daselbst, den 31 August 1778.

Gold und Silberberg = Poch = und Waschwerks= verweser = auch Speiß = Zeug und Salzhandelsverwalter, und Probierer.

Herr Joseph Anton Brandner, den 25 März 1758.

Controllierender Gegenschreiber.

Herr Franz de Paula Knopf, den 4 May 1782.

Leogang.

Bergrichter.

Herr Rochus Braun, Pfleger zu Salfelden, und Rath, den 10 August 1768.

Silber- und Kupfer- auch Koboldberg, und Hittwerksverweser, auch Speiß- und Zeughandelsverwalter.

Herr Peter Strasser, den 10. May 1777.

Kontrollierender Gegenschreiber.

Herr Anton Auer, den 11 November 1780.

Zeller oder Fusch- Linberger und Kluckner handel.

Bergrichter.

Herr Johann Anton Magauer, hochfürstlicher Rath und Pfleger zu Kaprun, den 12 December 1770.

Gold und Silber dann Poch- und Wasch- werksverweser.

Herr Ferdinand Härl, den 16 März 1776.

Speiß- und Zeughandelsverwalter, auch Gegenschreiber.

Herr Joseph Anton Hager, den 24 Jäner 1770.
Herr Anton Adler, Buchhaltungsschreiber den 19 Jun. 1779.

Mühlbach, oder Brenthal auch unterm Sulzbach.

Bergrichter.

Herr Egid Martin Kienberger, auch Landrichter und Umgelder zu Mittersill, den 13 April 1774.

Schwefl- Vitriol- und Kupferberg- auch Schmelz werksverweser am Mühlbach.

Herr Anton Theodor Harl, den 31 August 1772.

Speiß und Zeughandelsverwalter; auch Gegenschreiber daselbst.

Herr Joseph Anton Hofbauer, den 18 Decemb. 1773.
Herr Joh. Kaltner, Buchhaltungsschreiber, den 8 July 1776

Groß-

Großarl.

Bergrichter.

Herr Johann Virgil Reiter, Landrichter und Umgelder daselbst, den 15 November 1779.

Schwefel- und Kupferberg- Hütt- und Schmelzwerksverweser.

Herr Johann Auer, den 13 October 1775.

Speiß- und Zeughandelsverwalter, auch Gegenschreiber.

Herr Johann Baptist Kendlbacher, den 13 Octob. 1775.

Flachau.

Bergrichter.

Herr Franz Jakob Gold, Landrichter und Umgelder zu Wagrain, den 31 August 1778.

Eisen- Blä- und Hammerwerksverweser, dann Speiß- und Zeughandelsverwalter.

Herr Joseph Hofstädter, den 22 Februar. 1769.

Buchhaltungs- und Gegenschreiber.

Herr Bernhard Oberreiter, den 5 Jäner 1782.

Dienten.

Bergrichter.

Herr Johann Georg Schifer, Pflegskommissarius zu Goldegg, den 28 Septemb. 1779.

Eisenberg- Blä- guß Hammer- und Nagelwerksverweser, dann Speiß- und Zeughandels- Verwalter.

Herr Johann Joseph Oberreiter, den 4 July 1778.

Kontrollirender Gegenschreiber.

Herr Felix Franz Reitlechner, den 4 July 1778.

Wer-

Werfen.

Bergrichter.

Herr Patritius Kurz von Goldenstein, Pfleger daselbst und wirklicher Hofrath, den 25 Septemb. 1764.

Eisenbergverwalter und Buchhaltungs-interims Amtierer

Herr Felix Dismas Edler von Herrisch, den 13 Febr. 1774.

Kropfsperg, oder Zell im Zillerthal.

Römisch kaiserl. königl. und hochfürstl. salzburgischer gemeinsamer Schichtenmeister.

Herr Lorenz Vorderegger, den 27 October 1774.

Windischmatterey.

Römisch-kaiserl. königl. und hochfürstlicher salzburgischer Bergrichter.

Herr Joseph Eder.

Lengberg.

Römisch-kaiserl. königl. und hochfürstlicher salzburgischer Bergrichter.

Herr Joseph von Leutner.

Ytter, oder Hopfgarten.

Hochfürstl. salzburgischer Bergrichter.

Herr Johann Georg Trauner, Pfleger zu Hopfgarten, den 26 May 1741.

Silber- und Kupferbergwerkshandel in Brixenthal.

Herr Peter Paul Zwicknagel, Rechnungsführer und Ober-Hutmann, den 8 Jäner 1780.

Hochfürstliches Münzamt.

Herr Johann Gualbert Daubrawa von Daubrawaick, Hofkammerrath und Pfenningmeister, dann Münzwardein und Goldscheider, den 12 July 1743.

Herr Virgil Christoph Daubrawa von Daubrawaick, Münzmeister und wirklicher Hofkammerrath, den 28 Jäner 1770.

Herr { Franz Matzenkopf, Medailleur, Münzeisenschneider und Kammerdiener, den 30 August 1761.
Joseph Alex Tiefenthaler, Pfenningschreiber, den 18 Februar. 1760. }

Hochfürstliche Haupthandlungs-Verordnete.

Herr { Georg Wolfgang Karl Sarve, Verordneter, und Kaßier, den 1 Februar. 1773.
Herr Joseph Wagner, Haupthandlungs-Buchhalter, den 25 Februar. 1774.
Franz Reitlechner, erster Haupthandlungsschreiber, den 25 Februar. 1774.
Franz Habit, zweyter Haupthandlungsschreiber, den 27 April 1782. }

Meßinghüttwerk Oberalm.

Bergrichter.

Herr Franz Joseph von Kostern, Hofrath und Pfleger zu Glanegg, den 25 Septemb. 1769.

Verweser.

Herr Johann Joseph Kaltner, den 9 Febr. 1766.

Gegenschreiber.

Herr Johann Nepomuck Brandelli, den 11 März 1771.

Meßinghütt- dann Kupfer- und Eisenhammerwerk Ebenau.

Bergrichter.

Herr Rupert von Kleinmayrn, wirklicher Hofrath und Pfleger zu Thallgey, den 19 Jäner 1781.

Verweser.

Herr Tobias Wagner, den 18 März 1780.

Gegenschreiber.

Herr Johann Augustin Hasenehrl, den 10 Decemb. 1761.

Der hochfürstliche hochlöbl. Hofkriegsrath.

Präsident.

Vacat.

Vicepräsident.

(Titl.) Herr Herr Johann Gottfried Graf Lützow, von drey Lützow und Seedorf, Herr der Herrschaften Duppau und Sachsengrün, Sr. kaiserl. königl. Majestät wirklicher Kammerer und Oberstlieutenant, Kommandant auf der Hauptvestung hohen Salzburg, und Landoberster, den 20 März 1775.

Direktor.

(Titl.) Herr Herr Andreä Gottlieb Freyherr v. Prank Kammerer, Oberster, und Stadtkommandant, des heil. Ruperti Ordensritter und Landmann, den 14 März 1778.

(Titl.) Herr Herr Leopold, des heil. röm. Reichs Graf zu Lodron und Kastell Roman, Herr zu Kastellan, Kastell Novo, Kastell Alto, Leibguardehauptmann, und des heiligen Ruperti Ordensritter, den 9 Jäner 1744.

Räthe.

(Titl. Herr)

- Herr Johann Nepomuck Graf von Wicka, Kammerer und Oberstlieutenant, den 21 Decemb. 1767.
- Herr Ferdinand Dücker Freyherr von Haßlau, Kammerer, Oberstwachtmeister, des heil. Ruperti Ordensritter und Landmann, den 1 Jäner 1779.
- Johann Elias Edler von Geyern, Hofkammerrath, dann Ingenieuroberstwachtmeister, den 30 Novemb. 1748.
- Johann Ernst Edler von Antrettern, des heil. röm. Reichs Ritter, Landmann und Landschaftskanzler, den 5 April 1758.
- Franz d'Ippold, kaiserl. königl. Hauptmann und Knabenhofmeister, den 6 Decemb. 1777.
- Ferdinand Aloys Streidl, beyder Rechte Lizentiat, und Notarius publikus, den 20 August 1762.

Herr { Johann Joseph Wallner, Landschaftssecretarius, den 20 August 1763.
Karl Anton von Bibern, Oberstwachtmeister, und Vicekommandant auf der Hauptvestung allhier, den 30 Septemb. 1780.
Johann Thurner, Titularrath, den 1 May 1762. }

Sekretarius, und Auditor.

Herr Franz Anton Geiger, Titularhauptmann, den 1 Jäner 1754.

Adjunct.

Herr Johann Wohlfahrtstätter, Lieutenant, den 9 November 1780.

Registrator.

Herr Joseph Sigmund Graß, und Raths-Protokollist, den 27 May 1771

Kanzleyverwandte.

Herr { Mathias Kaserer, Expeditor und Rathdiener, den 27 May 1772.
Maximilian Mayr, den 8 Juny 1771. }

Hochfürstl. löbliches Artilleriekorps, Zeug- und Hauspflegereyamt in der Hauptvestung und Residenzstadt Salzburg, dann Vestung hohen Werfen.

Welches quoad Militaria unter dem hochfürstlich hochlöblichen Hofkriegsrath ꝛc. und Kommando (Titl.) Herrn Herrn Johann Gottfried Grafen Lützow von drey Lützow ꝛc. quoad Oeconomica aber unter der löblichen Landschaft steht.

In der Hauptvestung hohen Salzburg und Residenzstadt Salzburg

Offiziere und Beamte.

Herr Johann Elias Edler von Geyer, Hofkammer- und Kriegsrath, dann Artillerie-Ingenieur-Oberstwachmeister, auch oberst Maut-Weg- und Baukommissarius.

Herr {
Ludwig Grenier, Ingenieurhauptmann, dann Kameral und Landschaftlicher Architekt.
Peter Paul Göschl, Zeug- und Hauspflegerey- auch Montursverwalter.
Benedikt Mayrwiser, Zeugamt-Mit- und Monturs-Verwalter.
Martin Gützl, Stucklieutenant und Mechanikus.
Joseph Göschl, Zeug- und Montursamtsschreiber.

Unteroffiziere dann Ernst- und Lustfeuerwerker, auch Kanoniere.

Georg Wierl, Stuckkorporal.
Joseph Rieder, Vicestuckkorporal.
Joseph Schmatz, ein Büchsenmeister.
Johann Ernst Henneberg.

Lustfeuerwerker, uud Kanoniere.

Johann Magnzaun, ein Büchsenmacher.
Anton Aigner, ein Huefschmid.
Kajetan Wältl, ein Schifter.
Joseph Walcher, ein Faßbinder.
Michael Rohregger, ein Schifter.
Georg Kemeter,, ein Schifter.
Gabriel Grabmer, ein Zimmerer.

Kanoniere.

Johann Georg Magnzaun, ein Büchsenmacher.
Martin Göschl, ein Büchsenmacher.
Franz Schmid, Gewehrbutzer.
Markus Dreml, ein Schmid.
Georg Sillerer.
Nikolaus Diepold, ein Schlosser.
Johann Heusler, ein Gewehrbutzer.
Georg Perwein, ein Wagner.
Kaspar Mayrhofer, ein Schneider.
Andreä Holzinger, ein Nadler.

Fourierschütz.

Anton Schuester.

Zeugdiener. Vincenz Göschl,
Handwerker. Matthias Kurz, ein Schmid.

Vestung hohen Werfen.

Zeugwarter.

Georg Sebastian Gastberger.

Büchsenmeister.

Joseph Pertsch, ein Schifter.

Handwerker.

Anselm Kämbl, ein Zimmerer.
Andreä Reschberger, ein Zimmerer.

Die löbliche Landschaft in Salzburg.

Verordnete aus dem Prälatenstande.

(Titl.) Seine fürstliche Gnaden Herr Herr Bischof zu Chiemsee 2c.

(Titl.) Herr Herr Dombechant des hohen Erzstifts, Gewalttrager des hochwürdigen Domkapitels.

(Titl.) Herr Herr Beda, des Ordens des heiligen Benedikts Abt zu St. Peter in Salzburg 2c. Generalsteuereinnehmer aus dem Prälatenstande.

Verordnete aus dem Ritterstande.

Das Erblandmarschallamt wird dermalen von dem ältest anwesenden Herrn Verordneten aus dem Ritterstand vertretten.

(Titl. Herr)
- Herr Joseph Johann Nepomuck Freyherr von Dücker 2c. als Kommandeur des löblichen Ritterordens des heiligen Ruperts.
- Herr Wolf Franz Graf von Ueberacker 2c.
- Herr Johann Nepomuck Freyherr von Rehlingen.
- Herr Franz Anton Graf von Platz.
- Herr Andreä Gottlieb Freyherr von Prank.
- Herr Georg Freyherr von Motzl, Generalsteuereinnehmer von der Ritterschaft.

Herr Friderich de Negri rc.
Herr Johann Ernst Edler von Antrettern, des heil. röm. Reichs Ritter, Landmann, Kriegsrath und Kanzler, den 5 April 1758. Führt das Protocoll des Landtagsausschuß.

Verordnete aus dem Burgerstande.

Herr Johann Gottlieb Pergmayr, des Raths Burger.

Sekretarius.

Herr Jakob Wallner, wirklicher Hofkriegsrath und Hauptmann.

Steuercontroleur und Registrator.

Herr Joseph von Mayrau, den 20 Decemb. 1771.

Buchhalter.

Herr Joseph Karl Geismayr, den 29 July 1772.

Kanzleyverwandte.

Herr Johann Lorenz Delmor.
Herr Johann Wilhelm Semler.
Herr Franz Andreä Spitzenberger.
Herr Joseph Auer.
Herr Matthias Hechenegger.

Wenn aber ein Landtag ausgeschrieben ist, so erscheinen nebst den hochfürstlich gnädigst ernennten (Titl.) Herren Herren Kommissarien

Aus dem Prälatenstande.

(Titl.) Se. fürstl. Gnaden Herr Herr Bischof zu Chiemsee rc.
(Titl.) Herr Herr Domdechant des hohen Erzstiftes rc. als Gewalttrager des hochwürdigen Domkapitels rc. sammt einem Domherrn als Kommissarius.
(Titl.) Herr Herr Abt zu St. Peter.
(Titl.) Herr Probst zu Högelwerth.

Verordnete aus dem Burgerstande.

Herr Johann Gottlieb Pergmayr, der Zeit General-Steuereinnehmer und Verordneter von der Stadt Salzburg für beständig.

Herr

Herr Franz Ignatz Forthueber, Burgermeister und zugleich Verordneter von der Stadt Hällein, als von welcher ebenfalls ohne Abwechslung ein Verordneter bey allen Landtägen für beständig erscheint.

Ein Verordneter von Radstadt, Laufen und Tittmoning, oder Mühldorf, mit welchem alle drey Jahre abgewechselt wird.

Ein Verordneter aus einem von den Märkten, mit welchen inner und ausser des Gebirges ebenfalls alle drey Jahre abgewechselt wird.

Landschafts Bauverwalteramt.

Herr Franz Adam Steiger, Rechnungskommissarius, dann landschaftlicher Bau- und Proviantverwalter.

Das von Seiner hochfürstl. Gnaden Jakob Ernst aus dem Reichsgräflichen Hause von Liechtenstein höchstsel. Gedächtniß zum Behuf der Armen aus selbst eigenen Patrimonialmitteln Anno 1748 fundirte

Milde Leyhaus.

Ober-Inspectores.

Ein jeweiliger Herr Bischof und Fürst zu Chiemsee.

Ein jeweiliger Herr Domdechant allda.

Die jeweilige Herren Konsistorial- Hofraths- und Hofkammerdirektores.

Ein jeweiliger Herr Burgermeister.

Verwalter.

Herr Johann Jos. Kaspar Paurnfeind, den 22 Febr. 1775.

Schreiber.

Herr Simon Eder, den 1 April 1748.

Herr Johann Georg Mayr, den 22 Febr 1775.

Silber- und Kleinodienschätzer.

Herr Johann Michael Mayr, Hofgoldarbeiter, den 22 May 1776.

Gemeiner Schätzer.

Thomas Irg, ein Schneidermeister.

Amtsdiener.

Anton Sulzer, den 21 Juny, 1760.

Die hochfürstliche Universität in Salzburg mit ihren vier Facultäten.

RECTOR MAGNIFICVS.

(Pl. Titl.) D. P. Constantinus Langhaider, Ord. S. Benedicti in celeberr. & antiquiss. Monasterio Cremifanensi Professus, Iur. vtr. Doctor, Celsiss. ac Reuerendiss. Archiepisc. & S. R. I. Principis Salisburg. &c. &c. Consiliarius actualis intimus. Almae Vniuersitatis Rector.

PROCANCELLARIVS.

(Pl. Tit.) D. P. Michael Lory, Ord. S. Benedicti ex celeberr. & antiquiss. Monasterio Tegernseensi, Ss. Theologiae Doctor, S. Scripturæ, Hermeneutices, nec non Patristicae Professor ordin. Celsiss. ac Reuerendiss. Archiep. & S. R. I. Principis Salisburg. &c. &c. Consiliarius ecclesiasticus. Almae Vniuersitatis Procancellarius, & Vice-Rector, sacrae Facultatis Decanus.

Fa-

Facultas Theologica.

(Pl. Tit.) D. P. Michael Lory, vt ſupra.

(Pl. Tit.) D. P. Anſelmus Rittler, Ord. S. Benedicti ex celeberr. antiquiſs. & Imperiali Monaſterio Weingartenſi, Ss. Theol. Doctor, eiusdemque in Dogmaticis Profeſſor ordinar. Celſiſs. ac Reuerendiſs. Archiep. & S. R. I. Principis Salisb. &c. &c. Conſiliarius eccleſiaſticus, venerabilis Conuictus Regens.

(Pl. Tit.) D. P. Simpertus Schwarzhueber, Ord. S. Benedicti ex celeberr. & antiquiſs. Monaſterio Weſſofontano, Ss. Theol. Doctor, eiusdemque in Dogmaticis, nec non Hiſtor. eccleſ. Profeſſor ord. Celſiſs. ac Reuerendiſs. Archiep. & S. R. I. Principis Salisb. &c. &c. Conſiliarius eccleſiaſticus, maioris Congregationis academicae B. V. M. Praeſes, Almae Vniuerſitatis Secretarius, Boici Eloquentiae ſacrae Inſtituti Socius.

(Pl. Tit.) D. P. Ildephonſus Lidl, Ord. S. Benedicti ex celeberr. & antiquiſs. Monaſterio ad S. Petrum Salisb. Ss. Theol. Doctor, eiusdemque in Moralibus. & Paſtoralibus Profeſſor ordin. Celſiſs. ac Reuerendiſs. Archiepiſc. & S. R. I. Principis Salisburg. &c. &c. Conſiliarius eccleſiaſticus.

Facultas Juridica.

(Pl. Titl.) D. P. Joannes Damaſcenus Kleienmayrn, Ord. S. Benedicti ex celeberr. & antiquiſs. Monaſterio Weſſofontano, Iuris vtr. Doctor, & Ss. Canon. Profeſſor ord. Celſiſs. ac Reuerendiſs. Archiep. & S. R. I. Principis Salisb. &c. &c. Conſiliarius eccleſiaſticus.

(Pl. Tit.) D. Joannes Philippus Stainhauſer de Treuberg, Iur. vtr. Doctor, Iuris publ. naturalis & Gentium, nec non Codicis ac Hiſt. Imp. Profeſſ. ord. Celſiſs. ac Reuerendiſs. Archiep. & S. R. I. Principis Salisb. &c. &c. Conſiliarius actualis Aulicus.

(Pl. Tit.) D. Joannes B. Joſephus Carolus de Koflern, Iur. vtr. Doctor, & Pandectarum, nec non Iuris Feudalis Profeſſor, ordin. Celſiſs. ac Reuerendiſs. Archiep. & S. R. I. Principis Salisb. &c. &c. Conſiliarius actualis Aulicus.

(Pl. Tit.) D. Joannes Antonius de Schallhamern, Iur. vtr. Doctor, & Inſtitution. Imperial. nec non Iuris criminalis, & Proceſſus ciuilis Profeſſor ord. Celſiſs. ac Reuerendiſs. Archiep. & S. R. I. Principis &c. &c. Conſiliarius actualis Aulicus, conſultiſſimæ Facultatis Decanus.

Facultas Philoſophica.

(Pl. Tit.) D. P. Ildephonſus Schlichting, Ord. S. Benedicti ex celeberr. & antiquiſs. Monaſterio Wiblingano, AA. LL. & Philoſophiae Doctor, eiusdemque in Phyſic. Profeſſor. ordin.

(Pl. Tit.) D. P. Auguſtinus Schelle, Ord. S. Benedicti ex celeberr. & antiquiſs. Monaſterio Tegernſeenſi, AA. LL. & Philoſoph. Doctor, eiusdemque in Moralibus, & Iure naturae, nec non Hiſt. ac Linguar. oriental. Profeſſor. ordin. inclytæ Facultatis Decanus.

(Pl. Tit.) D. P. Dominicus Beck, Ord. S. Bened. ex celeberr. antiquiſs. & Imperiali Monaſterio Ochſenhuſano, AA. LL. & Philoſoph. Doctor, eiusdemq. in Mathematicis & Experimentalibus Pro-

Professor. ordin. Celsiss. ac Reuerendiss. Archiep. & S. R. I. Princip. Salisb. &c. &c. Consiliarius, Instituti Scientiarum Bononiensis, & Academiarum Bauaricae, ac Roboretan. Socius.

(Pl. Tit.) D. P. Ambrosius Frey, Ordin. S. Benedicti ex celeberr. antiquiss. & Imperiali Monasterio Weingartensi, AA. LL. & Philosoph. Doctor, ejusdemque in Logicis & Methaphysicis Professor. ordin.

(Pl. Tit.) D. P. Raphael Kleinsorg, Ord. S. Benedicti ex celeberr. & antiquiss. Monasterio Lunaelacensi, AA. LL. & Philosoph. Doctor, Rhetoricae II. Professor. ordinar. Comicus, & Scholarum Præfectus.

D. Joannes Hueter, Iuris vtr. Doctor, & Iudiciorum Salisburg. Aduocatus, Almae Vniuersitatis Notarius.

D. P. Aegidius Jais, Ord. S. Benedicti ex celeberr. & antiquiss. Monasterio Benedictoburano, Rhet. I. Professor.

D. P. Gregorius Vonderthon, Ord. S. Benedicti ex celeberr. & antiquiss. Monasterio ad S. Petrum Salisb. III. Grammatices Professor.

D. P. Constantinus Stampfer, Ord. S. Benedicti ex celeberr. & antiquiss. Monasterio ad S. Petrum Salisb. II. Grammatices Professor.

D. P. Amandus Philipp, Ordin. S. Benedicti ex celeberr. & antiquiss. Monasterio Ossiacensi, I. Grammatices Professor.

D. Joannes Bapt. Riener, AA. LL. & Philosoph. Magister, Vniversitatis Pedellus.

R. D. Michael Kuenater, Principiorum Magister.

D. Leopoldus Richter, Iur. Candidatus, Pulsator.

Hochfürstliche salzburgische Gesandte, Agenten und Begwaltete. Auf dem allgemeinen Reichstage zu Regensburg.

Gesandter.

(Titl.) Herr Herr Johann Sebastian Freyherr von Illerberg, hochfürstl. wirklich geheimer Rath und Landmann, den 1 November 1777.

Gesandschaftssekretarius.

Herr Johann Ernst von Markloff, hochfürstlicher Hof- und geheimer Legationsrath.

Kanzellisten.

Herr Salomon Gläser.
Herr Joseph von Pichl, Landmann, den 21 Juny 1782.

In Rom.

Der ehrwürdige Herr Anton d'Augustini, hochfürstlicher geistlicher Rath, und wirklicher Agent.

Wien.

Residierender Minister.

(Titl.) Herr Herr Franz Freyherr von Enzenberg, Kammerer, wirklich geheimer und Hofrath, Lehenkommissarius in Oestereich, dann Hauptmann zu Träkmauer, den 1 August 1776.

Reichshofraths Agent.

Herr Franz Joseph Negelin von Blumenfeld, und hochfürstlicher Hofrath.

Hofagent.

Herr Gottfrid Ignatz Edler von Plozer, und hochfürstlicher Hofrath.
Herr Franz von Manner, Hof- und Gerichtsadvocat alldort, hochfürstl. Anwald, den 15 Novemb. 1779.

Zu Wezlar.

Herr Damian Ferdinand Haas, hochfürstlicher Hofrath, beyder Rechte Lizentiat, des kaiserlichen Kammergerichts Prokurator, und hochfürstlich=bestellter Agent.

Zu München.

Herr Joseph des heil. röm. Reichs Ritter von Reichel, churfürstl. Hofkammer=Sekretarius und Landschaftl. Oberregistrator, hochfürstlicher bestellter Agent allda.

Zu Grätz

Herr Doktor Matthias Anton Prieberling, hochfürstlicher salzburgischer Gewalttrager.

Herr Doktor Anton Ignatz Piccardi, hochfürstlicher Anwalt und bestellter Agent.

Zu Klagenfurt.

Herr Doktor Joseph Baumgarten, hochfürstlicher Gewalttrager und Lehensekretarius.

Herr Doktor Aloys von Rainer, zu Harbach, hochfürstlicher Pannrichter und Gewalttrager.

Der hochfürstliche Obersthofmeisterstaab.

Obersthofmeister.

(Titl.) Herr Herr Franz Lactantius Graf und Herr zu Firmian, Herr zu Kronmez, Megel, Leopoldskron, Müstlbach, kaiserl. königl. Majestät ꝛc. ꝛc. wirklicher geheimer Rath, und Kammerer ꝛc. den 10 Jäner 1736.

Unter welchem auch im Ruckſicht auf das Korteggio sämmtliche Herren Räthe und übrige Hofstaat, insonderheit aber stehen

Der hochfürstliche Leibmedikus, fol. 33.

Die

Die hochfürstlichen Truchsesse.

(Titl. Herr)

Johann Kajetan Mayr v. Mayregg, den 16 May 1749.
Zyriack Wolfgang Bartholomä von Waltenhofen zu Grub, den 7 July 1740.
Franz Mehofer, Kammerfourier, den 22 Sept. 1745.
Georg Christoph Lasser von Zollheim, des heil. röm. Reichs Ritter, den 30 Novemb. 1747.
Maximilian von Dengelbach, den 22 October 1748.
Joseph von Agliardi, den 10 April 1751.
Rupert von Altengutrath, Landmann, den 5 April 1755.
Johann Hagenauer, Hofstatuarius und Gallerieinspektor, den 2 Jäner 1760.
Joachim von Mayrn, des hochfürstl. Arbeitshauses Oeconomie-Kommissarius, den 1 May 1765.
Dominikus de Clusulis, den 28 Februar. 1769.
Franz Kajetan von Helmreich, den 28 Febr. 1769.
Johann Joseph Strobl, Stadt- und Landrichter zu Laufen, den 1 May 1771.
Johann Drexler von Schöfenbrunn, den 8 Febr. 1773.
Franz Anton Lasser von Zollheim, den 1 Juny 1773.
Franz von Feyertag, Hofkammersekretarius und Landmann, den 25 December 1775.
Johann Adam, den 14 März 1777.

Die hochfürstlichen Hofkapelläne, fol. 28.

Der hochfürstliche Hoffourier.

Die hochfürstliche Hofmusik.

Kapellmeister.

Vacat.

Herr Dominikus Fischietti, Titularkapellmeister.

Vicekapellmeister.

Herr Leopold Mozart, den 29 Februar. 1763.

Conzertmeister.

Herr Johann Michael Hayden.

So-

Sopranisten.

Herr Franz Cecsarelli. Dann Michel Angelo Bologna. Und 10 aus dem hochfürstl. Kapellhause.

Altisten

Vier aus dem hochfürstlichen Kapellhause.

Tenoristen.

Herr Joseph Michaelansky.
Joseph Zugseisen.
Anton Spitzeder.
Giuseppe Tomaselli.
Der ehrwürdige Herr Franz Karl Schulz.
Matthias Stadler.
Felix Hofstätter.

Paßisten.

Joseph Nikolaus Meißner.
Joseph Anton Pründl.

Organisten.

Johann Michael Hayden.
Franz Ignatz Lipp.
Anton Paris.

Violinisten.

Anton Brunetti.
Joseph Hafeneder.
Andreä Pinzger.
Wenzl Sadlo.
Joseph Hilber.
Matthias Stadler.
Andreä Mayr.
Franz de Paula Deibl.
Kajetan Biber.
Georg Bauer.
Felix Hofstätter.
Johann Sebastian Vogt.

Violoncellisten.

Anton Ferrari.
Joseph Zugseisen.

Violettisten.

Lorenz Schmid.

Vio-

Herr

Violonisten.

Der ehrwürdige Herr Matthias Würth.
Joseph Thomas Cassel.
Joseph Richard Eßlinger.
Jakob Riedmüller.

Fagotisten.

Johann Heinrich Schuz.
Melchior Sandmayr.

Hauptboisten.

Joseph Fiala.
Franz de Paula Deibl.
Joseph Feiner.
Melchior Sandmayr.
Marx Perwein.

Jägerhornisten.

Joseph Bergmann.
Rupert Bauer.
Nebst drey Posonisten.
Johann Joseph Eggedacher, Hoforgelmacher.
Ferdinand Mayr, Hoflauten- und Geigenmacher.

Zwey Hof- und ein Domkalkant.

Die hochfürstliche Guardarobba in Spektakel, und Theatralsachen, fol. 43.

Der hochfürstliche Oberstkammererstaab.

Oberstkammerer.

(Titl.) Herr Herr Georg Anton Felix des heil. röm. Reichs Graf und Herr von und zu Arco, kaiserl königl. Majestät 2c. 2c. wirklicher geheimer Rath und Kammerer, ernennet den 30 November 1750.

Die hochfürstlichen Kammerer fol. 16.
Der hochfürstliche Kammerfourier fol. 78.
Der hochfürstliche Gallerieinspektor fol. 78.
Die hochfürstliche Guardarobbe fol. 43.

Die hochfürstliche dienende Leibkammerdiener

Herr
- Joseph Matthias Aichhamer, und Untersilberkammerer, den 27 Decemb. 1747.
- Franz Schlaucka, den 1 May 1772.
- Johann Ulrich Angkrbauer, den 14 October 1778.

Leibkammerdiener.

Herr Johann Anton Klobuzeck, den 8 May 1753.

Hochfürstl. jubilierte Ante-Cammera Kammerdiener.

Herr
- Joseph Anton Duelli.
- Johann Walter.
- Joseph Hilber.
- Franz Perillion.

Hochfürstl. wirklich dienende Ante-Cammera Kammerdiener.

Herr
- Wenzel Sadlo.
- Wenzel Andreä Gilowsky von Urazowa.
- Andreä Leitgeb.
- Franz Schmid.
- Lorenz Aigner.
- Ignatz Baurnfeind.
- Joseph Joly.
- Franz Paul Zauner.
- Andreä Pinzger.
- Kajetan Biber.
- Johann Hartmayr.
- Rupert Hueber.
- Joseph Cassel.

Hochfürstl. Titular Ante-Cammera Kammerdiener.

Herr
Anton Baurnfeind.
Franz Matzenkopf.
Franz Anton Lipp.
Rochus Alterdinger, und Guarderobba Inspektor.
Johann Winkler.
Anton Ruprecht
Sebastian Scheidl.
Stephan Haas.
Johann Mayer.
Franz Geysperger.
Johann Reisigl.
Wolfgang Hagenauer.

Hochfürstl. jubilierte Kammer-Portier.

Herr
Johann Zech.
Franz Deibl.

Hochfürstl. wirklich dienende Kammer-Portier.

Herr
Joseph Scheck.
Matthias Widmann.
Wenzl Lotschky.
Anton Prötz.
Johann Widmann.
Matthias Göllner.
Joseph Feiner.

Hochfürstl. Titular-Kammer-Portier.

Herr
Franz Reischl.
Peter Rosentretter.
Joseph Matreiter.
Joseph Veit.
Nitlas Höß.

Leo-

Herr {
Leonard Faes.
Anton Wolfgang.
Franz Schwab.
Franz Prainsteidl.
Franz Hengi.
Franz Zunzer.
Anton Scholl.

Kammerheitzer.

Herr {
Joseph Scheck.
Franz Reischl.
Franz Gottfried.
Florian Thorhoffer.

Kammerlaquay.

Karl Löschenbrand, jubilirt.
Franz Marck.
Gallus Feilschmid.

Der hochfürstl. Obersthofmarschallstaab.

Obersthofmarschall.

(Titl.) Herr Herr Nikolaus Sebastian des heil. röm. Reichs Graf von und zu Lodron, kaiserl. königl. Majestät rc. rc. wirklicher geheimer Rath, und Kammerer rc. den 28 Februar. 1769.

Vice=Hofmarschall.

Vacat.

Oberstküchenmeister.

(Titl.) Herr Herr Karl Graf und Herr von und zu Arco, Kammerer, Hofkammerrath und Pfleger zu Neuhaus, den 16 Jäner 1779.

Controleur.

Herr
- Ernst Maximilian Köllenberger, den 24 Jäner 1770.
- Joseph Meßner, Vicecontroleur und Dürnitzmeister, den 27 November 1781.
- Franz Anton Geysperger, jubilierter Dürnitzmeister, den 20 März 1770.
- Franz Hueber, jubilierter Dürnitzmeister, den 20 März 1770.
- Johann Bernhard Baader, Zehrgadner, den 23 Februar. 1753.
- Joseph Bonifaci Pichler Einkaufer, den 11 Jän. 1753.
- Franz Xaveri Mösl, Küchenschreiber, den 16 Jän. 1764.

Jubilierte Mundköche.

Herr Gabriel Högler, den 15 October 1752.
Herr Joseph Hagenauer, den 29 Septemb. 1752.

Hofköche.

Herr
- Christoph Karg.
- Philipp Praxmayr.
- Thomas Schrott.
- Felix Wallner.
- Wenzel Vater.
- Johann Amand Ainkäs Officierkoch.

Die Hochfürstliche Silberkammer.

Oberstsilberkammerer.

(Titl.) Herr Herr Johann Nepomuck Freyherr von Rehlingen, Kammerer und Hofkammerrath, den 1 Jäner 1770.

Untersilberkammerer.

Herr Joseph Matthias Aichhammer, und hochfürstl. Leibkammerdiener, den 1 Septemb. 1748.
Herr Anton Wolfgang Obersilberdiener, den 1 Nov. 1748.

Sil-

Silberdiener.

Herr { Franz Paul Schwab, den 1 Juny 1751.
Franz Anton Pramsteidl, den 28 Februar. 1755.

Die hochfürstliche Confectstube.

Herr Andreas Ueberacker, Zuckerbäcker.

Der hochfürstl. Oberststallmeisterstaab.

Oberststallmeister.

(Titl.) Herr Herr Leopold Joseph, des heil. röm. Reichs Graf von Künburg, Freyherr von Künegg, kaiserl. königl. Majestät ꝛc. ꝛc. wirklicher Kammerer, dann des hohen Erzstifts Erbschenk, den 28 Februar. 1764.

Vice-Oberststallmeister.

(Titl.) Herr Herr Joseph Freyherr von Rehlingen, zu Goldenstein, Herr auf Ursprung und Elsenheim, Kammerer, den 30 Septemb, 1781.

Die hochfürstl. Herren Edelknaben.

Herr {
Anton Graf von St. Julien.
Joseph Graf von Morzin.
Joseph Graf von Weissenwolf.
Sigmund Baron von Prank.
Anselm Baron von Groß.
Raymund de Negri.
Augustin Graf von Auersperg.
Kajetan Graf von Gaisrugg.
Peter Graf von Czernin.
Sigmund Graf von Wicka.

Edelknaben = Hofmeister.

(Titl.) Herr Franz Armand d'Ippold, kaiserl. königl. Hauptmann, Hofkriegsrath und Direktor des Virgiliani, den 17 Novemb. 1774.

Instructor.

Herr Philipp Gäng.

Edelknabendiener. Nikolaus Pirgler.
Matthias Faistenberger.
Sebastian Forstner.
Joseph Angerer.

Die hochfürstl. Exercitienmeister.

Oberbereuter und Gestütt = Inspector.

Herr Gottlieb Edler von Weirother, des heil. röm. Reichs Ritter und Rath, auch Stall- und Gestüttinspektor, den 12 Septemb. 1773.

Unterbereuter.

Herr Jakob Lindert, und Campagnebereuter, den 15 August 1780.
Johann Stocker, Bastinbereuter, den 18 April 1774.
Franz Rizy, Hofscholar, den 1 Octobr. 1782.

Italienischer Sprachmeister.

Vacat.

Französischer Sprachmeister.

Monsieur Franz Dubuissoir, den 26 Decemb. 1747.

Tanzmeister.

Herr Zyrill Hofmann, den 18 May 1767.

Fechtmeister.

Herr Leopold von Sera, den 28 April 1760.

Das hochfürstl. Futtermeisterey = Amt.

Futtermeister.

Herr Jakob Millthaler, den 1 Septemb. 1765.

Gestüttmeister.

Herr
- Johann Nepomuck Anders, den 13 Novemb. 1768.
- Fränz Felberer, jubiliert. Sattelknecht, den 9 May 1768.
- Rupert Schönauer, wirklicher Sattelknecht.
- Joseph Lorenz Hermann, Pferdarzt, den 1 May 1773.
- Johann Hainz, Futterschreiber und Satteljung.
- Matthias Högler, Hoffuttermeisterey= und Heuschreiber.
- Gotlieb Müller, Gestüttschreiber.

Johann Georg Seiz, jubilierter Leibkutscher.
Peter Rohr, Leibkutscher.
Anton Schweizer, Hofschmid.
Johann Säsſeck, Hofsattler.

Hofmarstall.

Der Gemeinen wirklich dienenden 60.

Jubilierte.

Von Hofmarstallern 25.

Die hochfürstl. Hof= und Feldtrompeter.

Herr
- Johann Joseph Schwarz, Obertrompeter, und Spielgraf, den 18 July 1781.
- Johann Adam Huebmer, Musikus und Spielgraf, den 1 März 1735.
- Leonhard Ignatz Seybald, Musikus und Spielgraf, den 1 Decemb. 1748.
- Johann Sigmund Lechner, Musikus, den 1 Febr. 1749.
- Andreä Schachtner, Musikus und Spielgraf, den 1 Jäner 1755.
- Franz Xaver Plock, Musikus, den 21 Juny 1760.
- Franz Päll, Musikus, den 16 July 1769.
- Joseph Fellacher, den 20 Jäner 1778.
- Donat May, den 1 Juny 1781.
- Franz May, den 1 Juny 1781.

Paucker.

Herr Florian Vogt, Musikus, den 1 August 1765.
Herr Georg Schweiger, Musikus, den 9 Dec. 1775.

Die hochfürstlichen Laufer.

Joseph Mayr, und Matthias Hueber.

Hoflaqueyen.

Franz Gasser.
Matthias Mayr.
Christian Nagel.
Johann Milder.
Ignatz Dasch.
Johann Hartle.
Rupert Proßinger.
Johann Georg Märty.
Johann Prodinger.
Johann Prockesch.
Markus Schorn.
Johann Bergmeister.
Martin Pirgler.
Christoph Winkler.
Johann Reinicke.
Anton Kautzky.
Joseph Frey.

Heyducken.

Johann Naup.
Simon Seyler.
Joseph Wenzel.
Joseph Koch.
Joseph Glatz.
Johann Mitterlechner.

Das hochfürstl. Oberjägermeisterey=Amt.

Oberstjägermeister.

(Titl.) Herr Herr Johann Gundacker, des heil. röm. Reichs Graf von und zu Herberstein, kaiserl. königl. Majestät rc. rc. wirklicher Kammerer, den 21 December 1764.

Vice=Oberstjäger=und Oberst=Forstmeister.

(Titl.) Herr Herr Karl Freyherr von Gemingen, kaiserl. königl. Kammerer, den 13 Juny 1781.

Assessor.

Herr Felix Rudolph von Agliardi, hochfürstlicher Rath, den 6 April 1758.

Herr Johann Marzellian Hager, Oberst-Jägermeisterey-Verwalter und Hofkammersekretarius.

Herr
- Sebastian Schaidl, Oberwaldmeister, dann Ober-Jäger, und Antekammera-Kammerdiener.
- Franz Zunzer, hochfürstl. Hof-Jäger, und erster Büchsenspanner, auch Kammerportier.
- Franz Xaveri Rohregger, wirklicher Ober-Jäger zu Zell in Zillerthal.
- Andreä Langlechner, Ober-Jäger zu Radstadt.
- Franz Anton Michl, Oberwaldmeister und Ober-Jäger in Schloß Itter.
- Matthias Rohregger, Ober-Jäger in Stuelfelden.
- Philipp Käpler, Oberwaldmeister und Ober-Jäger, im flachen Land.

Oberstjägermeisterey-Verwandte.

Herr
- Florian Dreythaller, Kanzellist.
- Joseph Wohlfram, Büchsenspanner.
- Joseph Kurz, Zwirchmeister.
- Johann Georg Schesack, Fason-Jäger in Kleßheim.
- Johann Haygeck, Fason-Jäger in Hellbrun.

Meister Jäger 12. Gemeine 76.

Die hochfürstliche Leibguarde.

Leibguardehauptmann.

(Titl.) Herr Herr Leopold Graf von Lodron rc. den 21 December 1742.

Leibguardelieutenant.

(Titl.) Herr Herr Leopold Graf von Lodron rc. den 28 Februar. 1761.

Leibguardewachtmeister.

Herr Johann Dominikus Cleßin von Königsklee und Hauptmann, den 17 July 1764.

Secund-Wachtmeister.

Herr Georg Wilhelm von Studnitz.

Herr Philipp Dimmer.

Sammt 30 Karabinier und 20 Trabanten.

Der Wohllöbliche Stadtmagistrat. in Salzburg.

Stadtsyndicus.

(Titl.) Herr Benedikt Edler von Loes, wirklicher Hofrath, den 6 Juny 1769.

Burgermeister.

Herr Ignatz Anton Weiser, resignirter
Herr Johann Peter Mezger, wirklicher.

Räthe.

Herr:
- Johann Anton Kolb, Senior.
- Johann Gottlieb Bergmayr, einer löblichen Landschaft Mitverordneter und Generalsteuereinnehmer, hat ausser dem Rathe den Rang gleich nach dem Burgermeister.
- Johann Sigbert Müllbacher.
- Martin Prötz.
- Anton Mayr, gemeiner Stadtkammerer, Baumeister und Lazarethverwalter.
- Joseph Mayr, Pflasterfundations- Beleuchtungsfond- Quartieramts- und Leprosenhaus-Verwalter, auch Rittmeister.

Herr

Herr {
Anton Trientl.
Joseph Günther, Bruderhaus, Kreuzgang und Gabrielskapellenverwalter.
Ignatz Hefter, Stadtpfarrverwalter und gemeiner Stadtkastner.
Joseph Rauchenbichler.
Christian Zezi, Burgerspitalverwalter.
Franz Xaver Weiser.
}

Das Wohllöbliche Stadtgericht. in Salzburg.

Fol. 52.

Löblicher Gemeiner Stadtbediente.

Wagmeister.

Kajetan Mayrhofer.

Gemeiner Stadt-Eisenniederleger.

Joseph Seleutner.

Gemeiner Stadtsalzschreiber und Rathdiener.

Matthias Käserer.

Gemeiner Stadtbau- und Traidschreiber.

Gregor Lackner.

Gemeiner Stadtumgelder und Lötschenmeister.

Matthias Ziegl.

Wer-

Verzeichniß
der bey dem hochfürstl. Hofpostamt in Salzburg ein- und ablaufenden
Posten.

Ankommende.

Sonntag frühe von Regensburg, obern Pfalz, Cham, Straubing, Geiselhöring, Landshut, Neumarkt an der Roth, Schärding, Braunau, Altenötting, Burghausen, Laufen.

Eodem Abends aus Oberbayrn, Schwaben, ganzen römischen Reich, Schweiz, Elsaß, Ober- und Niederrhein, auch Franken, Nürnberg, Schwabach, Fürt, Zürndorf, Freystadt, Erlang, Dännemark, Schweden, Frankreich, Portugall, Spanien, Nieder- Holl- und England, sächsisch und preußischen Landen.

Am Montag.

In der Nacht aus Ober- und Unterösterreich, Ungarn, Kroaten, Steyermarkt, Kärnthen, Krain, Friaul, Mähren, Schlesien, Böhmen und Pohlen.

Am Dienstag.

Mittag, aus Oberbayrn, Schwaben, ganzen röm. Reich, Schweiz, Elsaß, Ober- und Niederrheinischen, Franken, Dännemark, Schweden, Frankreich, Portugall, Spanien, Nieder- Holl- und England, sächsisch- und preußischen Landen.

Am Mittwoch.

Frühe von Regensburg, ꝛc. wie Sonntags frühe.
Item Vormittag aus ganz Tyrol und Italien.

Am Donnerstag.

Wie Montag Abends.
Frühe aus Oberbayrn, ꝛc. wie Dienstag Mittag.

Am Freytag.

Mittags, wie am Dienstag, oder Sonntag Abends.
Eodem Nachts, wie Montag Nachts.

Am Samstag.

Vormittag aus Tyrol und Italien.

Abgehende Posten.

Am Montag.

Um halbe 5 Uhr Abends, nach Regensburg, obern Pfalz, Cham, Straubing, Geiselhöring, Landshut, Neumarkt an der Roth, Schärding, Braunau, Altenötting, Burghausen, Laufen. Um 5 Uhr aber ins Bayern, Schwaben, ganzen röm. Reich, Schweitz, Elsaß, Ober- und Niederrheinischen, Franken, Dännemark, Nieder- Holl- und England, sächsisch- und preußischen Landen. Nach Nürnberg, Schwabach, Führt, Zürndorf, Freystadt, Erlang.

In der Nacht nach ganz Tyrol und Italien.

Am Mittwoch.

Zwischen 8 und 9 Uhr Vormittag, ins Ober- und Unterösterreich, Kärnthen, Krain, Friaul, Mähren, Ungarn, Kroaten, Steyermark, Schlesien, Böhmen und Pohlen.

Am Donnerstag

Um 5 Uhr Abends nach Oberbayrn, ꝛc. wie am Montag.

Am Freytag.

Um halber 5 Uhr Abends, nach Nürnberg, Schwabach, Führt, Zürndorf, Freystadt, Erlang, Dännemark, Schweden, Nieder- Holl- und England, sächsisch- und preußischen Landen, Westphalen. Nach der obern Pfalz, Regensburg, Cham, Straubing, Geiselhöring, Landshut, Neumarkt an der Roth, Biburg, Altenötting, Schärding, Braunau, Burghausen.

In der Nacht nach ganz Tyrol und Italien.

Am Samstag.

Wie am Mittwoch um 9 Uhr Vormittag, in Ober- und Unterösterreich.

Der Postwagen von Wien nacher Salzburg, und Innsbruck.

Kommt an.

Mittwoch den 1 Jäner Vormittag von Wien, Sieghartskirchen, Mölk, Strenberg, Amstetten, Mauthausen, Enns, Steyer, Linz, Kremsmünster, Kirchdorf, Wels, Gmunden, Lambach, Schwannenstadt, Frankenmark, Straßwalchen, und Neumarkt.

Gehet ab.

Mittwoch den 8 Nachmittag von Innsbruck.

Kommt von daher zurück.

Mittwoch den 1 Nachmittag nach Innsbruck.

Gehet wiederum ab.

Mittwoch den 8 Nachmittag nach Wien.

Und so von 14 zu 14 Tagen.

NB. Die Person bezahlt vor jede Meile 20 Kr. und vom Zentner 15 Kr. dabey aber jedem Passagier ein halber Zentner frey mitzuführen erlaubt ist.

Der Postwagen v. München. nach Salzburg.

Kommt an.

Donnerstag Nachmittag.

Gehet ab.

Sonntag um halber 8 Uhr frühe, nach München, Regensburg, Nürnberg, und in das ganze röm. Reich.

Der Postwagen übern Thauern ins Lungau

Kommt an.

Um Dienstag Mittags.

Gehet ab.

Samstags um 8 Uhr.

NB. Die Aufgabe muß Freytags Nachmittag geschehen, sowohl in Briefschaften als Päckeln.

Bo:

Bothenlista,

Woraus zu ersehen, wann selbe hier ankommen und wiederum abgehen nach dem Alphabet.

A.

Abbtenauerboth kommet an am Donnerstag Vormittag, und gehet Freytags um Mittagszeit wieder ab, kehret ein beym goldenen Lämmel in der Goldgassen.

B.

Berchtesgadnerboth kommet alle Wochen viermal an, hat seine Einkehr bey dem goldenen Lämmel in der Goldgassen.

Braunauerboth kommet Donnerstag Mittags an, gehet Freytags um 1 Uhr ab. Logirt bey dem Moserbräu in der Judengassen.

Burghauserboth kommt am Donnerstag zu Mittag. Logirt beym Sauerweinwirth, gehet Freytags um 2 Uhr wieder ab.

C.

Kammerbothen. Franz Michael Dihold, wohnet in seinem eignen Boden bey den Kajetanern gegen über.

Johann Michael Siberer, logirt in dem Sonnenwirthshaus auf der Gestätten..

Die reisen wechselweis am Freytag um 11 Uhr Mittag in das Pinzgey, nehmen auch dann und wann Briefe in die Windischmatterey mit. Beyde kommen Mittwoch beyläufig um Mittagszeit wieder an.

D.

Deisendorferboth kommt wochentlich am Dienstag, Donnerstag und Samstag in der Fruh. Logirt bey dem Sauerweinwirth, gehet selbigen Tag um halber 2 Uhr Nachmittag wieder ab.

Gmund=

G.

Gmundnerboth kommet alle 14 Tage um Mittag an, gehet Freytag um Mittag ab, logirt bey dem Freyhammerbräu nächst St. Andreas.

Gollingerboth kommt alle Wochen am Donnerstag, gehet Freytags um Mittag wiederum ab, hat seine Einkehr bey dem Sauerwein.

Grätzerboth kommet am Donnerstag Mittag, und gehet Samstag um 12 Uhr von hier wieder ab, logirt bey der Trauben in der Linzergassen.

H.

Hälleinerboth kommet am Dienstag, Donnerstag und Samstag Vormittag, gehet um 2 Uhr wieder ab, logirt bey dem Eitzenberger.

Högelwörtherboth kommet in der Woche einmal, ist zu finden bey dem Herrn Reisenstuhl Kaufmann neben dem Brodhaus.

J.

St. Jlger- oder Gilgerboth kommet am Freytag Nachmittag, hat seine Einkehr beym blauen Hechten, gehet am Samstag in der Frühe ab.

Jschlerboth kommet alle 14 Tage am Donnerstage, kehret ein bey dem Bräu in der Kugel, geht am Freytag Mittags.

K.

Köstendorferboth kommet am Freytag in der Fruhe, und gehet Samstags Vormittag wieder ab, kehret ein bey dem weissen Rössel.

Kitzbichlerbothin kommt alle Wochen hat keinen gewissen Tag, hat ihre Einkehr in dem kalten Bierhaus, gehet gemeiniglich den andern Tag wieder ab.

Kufsteiner-Ebs- und Erlerboth kommt alle 14 Tage am Mittwoch an, gehet Donnerstags von hier wieder ab, kehret ein bey dem Höllbräu.

L.

Laufnerboth kommt am Dienstag, Donnerstag, und Samstag, ist zu finden beym Herrn Atzwanger, Kaufmann in der Traidgassen, gehet selbige Täg um 2 Uhr von hier wieder ab.

Loserboth kommt alle Donnerstag, geht am Freytag fruh ab.

M.

Mattighoferboth kommt wochentlich zweymal, hat seinen Einsatz bey dem Hr. Bauernfeind auf dem Kränzelmarkt.

Mattseerboth kommt am Donnerstag, und geht Freytags zwischen 10 und 12 Uhr Mittags wieder ab, logirt bey dem Freyhammerbräu nächst der St. Andreäkirche.

Mauerkircherboth kommt alle 14 Tag, hat seinen Einsatz bey dem Herrn Bauernfeind auf dem Kränzelmarkt.

Michaelbeurerboth kehret ein beym Sauerweinwirth, kommt wochentlich 2 bis 3mal, als Mont. Mittw. und Freytag Abends anhero, gehet den andern Tag Vormittag ab.

Mondseerboth logirt auf dem Plätzl über der Brucken bey dem sogenannten Lasserwirth, kommt am Donnerstag, geht Freytag um Mittagszeit wieder ab.

Mühldorferboth kehret ein bey dem goldenen Stern in der Traidgassen, kommt am Donnerstag, geht Freytag um 11 Uhr Mittags wieder ab.

Münchnerboth kommt alle Mittwoch um Mittagszeit an, logirt auf der Trinkstuben, geht Freytags um 12 Uhr wieder ab, nimmt Paqueter, Ballen, auch unterschiedliche Kaufmannsgüter mit sich.

N.

Neumarkterboth kommt am Montag und Freytag an, gehet den andern Tag darauf gegen Mittag wieder ab, hat seine Einkehr bey dem Lasserwirth auf dem Plätzl.

O.

Oettingerboth kommt am Donnerstag, und gehet am Freytag Nachmittag wieder ab, kehret ein bey dem Mödelhammerbräu in der Traidgassen.

P.

Passauerboth kommt am Donnerstag Nachmittag an, logirt bey der goldenen Trauben, bey St. Andreä über, gehet Freytags um 3 Uhr wieder ab, nimmt Briefe nach Altheim, Mattighofen, Mauerkirchen, Obernberg, und Schärding mit.

R.

Radstadterboth kommet am Donnerstag, und gehet am Freytag gegen 12 Uhr wiederum ab, kehret ein bey dem Sauerweinwirth,

Reichenhallerboth kommt alle Montag, Donnerstag und Samstag, gehet auch in selbigen Tägen zwischen 11 und 12 Uhr Mittags wieder ab, logiert beym Sauerwein.

Riederboth kommt am Donnerstag Nachmittag an, und geht am Freytag in der Fruh wiederum ab.

Rosenhammerboth kommt am Mittwoch, und gehet Donnerstag fruhe wieder ab, hat seine Einkehr bey dem Stockhammerbräu in der Traidgassen, nimmt auch Brief mit nach dem Herrn und Frauen Chiemsee.

S.

Saalfeldnerboth kommt alle 14 Tag auch mit 8 Tägen, hat keine gewisse Zeit, gemeiniglich am Mittwoch, und geht am Donnerstag wieder ab, hat seine Einkehr bey dem Mödelhammerbräu.

Seekirchnerboth hat seinen Einsatz bey Hr. Joseph Bauernfeind auf dem Kränzelmarkt, kommt alle Wochen dreymal gegen 7 Uhr in der Fruh, geht um 11 Uhr wieder ab.

Schärdingerboth kommt am Donnerstag, und geht Freytags wieder ab, ist in dem kalten Bierhaus zu finden.

Stauseneggerboth kommt wochentlich wenigst einmal, als am Donnerstag in der Frühe, und geht um 2 Uhr Nachmittag wieder ab, hat seinen Einsatz bey Herrn Reifenstuhl in der Traidgassen.

Straß-

Straßwalcherboth kommt am Freytag Abends, und gehet am Samstag gegen Mittag wieder ab, logiert bey dem Moserbräu.

T.

Thalgenerboth kommt am Dienstag und Samstag in der Fruh, hat seinen Einsatz bey Herrn Bauernfeind auf dem Kränzelmarkt geht allzeit selbigen Tag nach 12 Uhr wieder ab.

Taxenbacherboth kommt alle 14 Täg am Mittwoch, und gehet Donnerstag fruh wieder ab, hat seine Einkehr bey dem Bräu in der Höll.

Tittmoningerboth kommt Dienstags, und gehet Mittwoch wieder ab, hat seine Einkehr bey dem Stern, ist bey dem jungen Herrn Reisenstuhl Kaufmann zu finden.

Traunsteinerbothen seynd zwey, der Kapitelboth kehret ein bey Hr. Bauernfeind auf dem Kränzelmarkt, und kommt am Donnerstag in der Fruh, gehet Freytags zeitlich ab.

Der Stadtboth, welcher in dem kalten Bierhaus einkehret, kommt Montag und Donnerstag, und gehet am Dienstag und Freytag um 10 Uhr ab.

Trospurgerboth kommt am Donnerstag an, gehet am Freytag um 9 Uhr in der Fruh wieder ab, logirt bey dem Mödelhammerbräu in der Traidgassen.

W.

Wagingerboth kommt am Donnerstag, und geht am Freytag gegen Mittag wieder ab.

St. Wolfgangerboth kommt alle 14 Tag, hat aber keinen gewissen Tag, logirt bey dem Moserbräu.

Z.

Zillerthallerboth kommt alle 14 Tag, kehret ein bey dem Bräu in der Höll.

INDEX.

Haupt=

Nachtrag.

Fol. 15. Bey Herrn Erbkammerern kommet nach dem Wort Erbmarschall beyzusetzen: Des hohen Maltheser- und bayrischen Ritter Ordens St. Georgii Kommenthur, Senior Familiä, und Commun-Direktor beeder Herrschaften Törring, und Tengling.

Fol. 27. Bey Herrn Johann Wilhelm von Sterzinger, wird anstatt Pfarrer zu Virgen gesetzt, Dechant, und Pfarrer zu Lienz.

AVERTISSEMENT.

Der Verleger erachtet sich verbunden, einen jeden nach Standes Gebühr geziemend zu ersuchen, daß, wenn etwann aller angewendeten mühesamen Sorgfalt unerachtet, in dem gegenwärtigen Hofkalender und Schematismo einige Fehler in denen respective Nämen, Range, Titeln, oder sonst sich zeigen sollten, man diese nicht ungütig deuten, sondern, belieben wolle, solche zu künftiger gehöriger Verbesserung dem Verleger bey Zeiten, und zwar längstens bis zum Schluße des Monaths October schriftlich einzuschicken.

www.ingramcontent.com/pod-product-compliance
Lightning Source LLC
Chambersburg PA
CBHW030559270326
41927CB00007B/982